南向聲音

你一定要認識的越南

・全新編排增訂版・

推薦序一

破除歧視的「跫音」

文／前中央廣播電台總台長 **張正**

或許世間的道理總是這樣，知道得愈多，才愈來愈知道自己知道得這麼少。

曾經出入越南將近十次，讀了五年半的東南亞研究所，在越南當地學了四個月越文，當了七年越文《四方報》總編輯，我以爲，我夠了解越南了。但是現在，每讀一篇由「南向跫音D．V．W．」部落格發展出來的《南向跫音：你一定要認識的越南》，都要驚豔一次越南面貌的多樣，同時也慚愧自己對越南的認識竟如此淺薄。

對台灣人來說，飛行時數三個半小時的越南絕不陌生。我們從好萊塢電影裡、從台商口中，以及身邊的越南配偶、越南勞工身上，擷取了許許多多的越南訊息。只可惜，我們都是僅有一雙眼睛一對耳朵的凡人，難免以偏概全；而大家也都不是越南專家，即使偶爾察覺嘴裡說出的越南見聞自相矛盾不合邏輯（好懶惰vs.好勤勞、好浪費vs.好節儉、好悲慘vs.好善良），似乎也沒啥要緊。

不過，如果完全陌生不認識，也就算了；糟糕的，是錯誤的認識；最糟糕的，是一知半解、錯認誤認，還自以爲全知全能。而這正是歧視滋生的沃土。

歧視無所不在。胖的瘦的高的矮的老的小的醜的怪的黑的窮的病的，總之非我族類，都能夠信手拈來當作歧視揶揄的靶子。但，誰都不願意被歧視吧！將心比心，我們也不應該歧視別人，尤其，如果這份歧視其實源自本身的無知。

網路上流傳著一張「台灣人的世界觀」的搞笑地圖。在中南半島的位置，寫著「一些差不多的國家」，在菲律賓的位置，寫著「有很多叫瑪莉亞的傭人」。雖然是自我解嘲式的搞笑，但也相當「正確」：正確表達了台灣人對東南亞不經意的漠視、不自覺的歧視。（並不是說台灣人特別惡劣。就我所知，越南人也歧視柬埔寨人，泰國人也歧視寮國人。而西方人對東方人的歧視，「台北人」和「南部人」的相互歧視，大家就更熟悉了。）

多年前閱讀蔡百銓先生翻譯的《東南亞史》上下冊，是我自覺對東南亞認識不足的起點。但那終究是類似教科書的著作。而近幾年來，除了那些商品DM式的旅遊指南、居高臨下頤指氣使的窺奇式雜記、繞著肚臍眼打轉的自戀圖文集，或者交差了事的學術剪貼簿，書店架上鮮有夠誠意的越南相關書籍。而這本《南向跫音》，不一樣。

說是教科書，但作者從最貼近生活的細微處寫起，隨著流暢的文字與生動的故事一路讀下去，讓你絕對不想睡。

說是旅遊書，但作者在介紹人事時地物的同時，圖文並茂、旁徵博引，洋溢著豐厚的人文關懷。

說是一本異鄉人的思念手札，但作者回望故鄉的同時，也眞心擁抱她所處的當下當地，寫下值得珍藏的紀錄。

讀這本書，你將隨著作者的腳步深度了解越南。我相信，如果能認識得更淸楚，歧視便會相對減少。當我們從歷史、文藝、生活等方面多認識一個國家一個民族，也等於是把自己向上提升一個高度。當台灣更認識越南，也就會對勇敢飄洋過海來台灣的二十萬越南人，多一份尊敬。

所謂「跫音」，比喻「極難得的音信或言論」，作者沒辜負這個字眼。

推薦序二

如何認識一個有深度的鄰居

文／資深出版人 **陳穎青**

第一次去越南是二十幾年前。回想起來，當年在河內感受的文化衝擊，至今仍然在記憶深處激盪。

當年的河內，沒有摩天大樓、豪華房車，也沒有入夜後五光十色的夜景，你完全看得出來那裡是開發中國家，可是在市中心「還劍湖」邊，我卻看到成片栽種、數量驚人的梧桐樹林，把酷熱的驕陽完全阻擋在林蔭華蓋之外。

漫步湖邊，你很難想像自己正走在一個共產政府統治下的首都。那樣沁涼、悠閒的小資風情，別說台北沒有（眞的，大安森林公園的樹完全被比下去了），連在巴黎我也沒見過（因爲我是冬天去巴黎的，呵）。

一個開發中國家，卻有一個世界級的湖邊林蔭公園。那不只需要一、兩百年樹木生長的時間，也需要跨越那些時間、數度轉手的執政者悉心維護。梧桐也許來自法國的殖民統治者，但那湖邊漫步的風情，卻是懂得珍惜的人才能保留的。這是我的第一個衝擊，爲什麼越南看起來好像很落後，可是某些優雅的氣質卻又先進得讓人驚嘆？

做爲觀光客，我帶著無數問號結束旅程，回到焦躁忙亂的上班生活。我曾經想找人寫一本關於越南的書，不要只是旅遊指南，而是更深入的文化與歷史的百科，讓一個不是爲了考試而是真的想知道這個國家的人，能有個深刻一點的入門。可惜多年來我始終沒有進展。

直到二〇〇八年中時電子報請我擔任部落格大獎的評審。在那個機緣裡，我才驚奇地發現了洪德青。這個台灣女兒隨夫暫駐越南，卻充分發揮同情和好奇的精神，深度地報導她在越南看到、經歷的各種細節。我不只在她的文章裡發現多年前疑惑的解答，也跟隨她的眼睛看到一個迷人、豐富，同時也帶著滄桑的國家。

例如她寫越南兩百年藝術發展的因緣，意外解答了我當年在河內街頭的疑問：爲什麼河內有這麼多賣畫的畫廊？原來那背後既有殖民者的「恩賜」，也有教育家的遠見，以及民族文化傳承的辛酸。千般滋味盡在文章之中。有扎實的學術訓練，又有部落格寫作的親切，還帶著作者獨特的人文關懷。寫人情時，溫暖有餘味；寫飲食時，歷史也在其中，完全突破了浮光掠影的相片圖說式旅遊報導。

我在評審感言中忍不住說：「你如果要去越南旅行，請記得先看過『南向跫音D・V・W・』（這是作者的部落格名稱），那會讓你從一個越南觀光客，變成一個可以體會越南文化深度，感受歷史憂歡的深度訪客，贏得十倍的收穫。」

德青一直說要謝謝我欣賞她的作品、願意幫她出書。我一點也不同意她這種想法。應該是我謝謝她才對。她的研究與寫作，不只解答了我多年來對越南的諸多困惑，也帶給我其他更多知識的驚訝。讓我眞正看見一個我們以爲只是「出產越南新娘」的國度，背後那從不爲我們所知悉的歷史滄桑與文化深度。

是德青給予我們可貴的知識與故事，帶我們穿越語言與文化的隔閡，眞正領略一個民族內在的豐饒。

我希望這本書不只是背包旅行者出發前研讀的經典——雖然本書毫無疑問當得起這種功能；我也希望這本書能夠提醒我們每個人，越南不是一個比我們窮、比我們熱、比我們次一等的熱帶國家，她是一個跟我們一樣曾經遭受殖民統治，有無數滄桑歷史，同樣擁有豐厚的文化傳承，並且也充滿行動力的國家。

然而我私心裡還有個期盼。

我希望這本書能夠給所有來自越南新嫁娘的「新台灣之子」，一個認識「媽媽的家鄉」的機會。我們的教育政策沒有給他們任何學習「母語」的便利，因此他們無法從越文書籍認識自己母親的故鄉。本書可能是唯一的機會，讓他們了解，母親的故鄉不是那個被鄰里所嘲諷，被偏見所輕慢，被學校教育所遺忘的落後地區，而是一個充滿深度，值得驕傲的出身之所。

我希望這本書是台灣與越南，相互理解的新觸媒。

作者序

聽我來唱「越」光曲

二〇〇六年，我從台北嫁到彰化，去日本度蜜月後緊接著到越南，前後只花了短短十一天。

當飛機降落在胡志明市，機艙門開啟的那一剎那，我並不知道我來到了毛姆遠遊的城市，卓別林度蜜月的國度，以及葛林吸鴉片的地方。我只記得當時手拎行李的我，耳邊聽的是聖桑的〈參孫與達麗拉〉，而要到好久以後，我才發現這位法國作曲家早我一百一十二年前也來過越南。

昨日之聲

還沒來越南以前，我對越南的認識不外乎：怒海求生的《南海血書》、百老匯歌舞劇《西貢小姐》、梁家輝與珍瑪琪主演的《情人》、公館的翠林餐廳、信義路上的越南東家羊肉爐，還有新聞裡被虐待成皮包骨的段氏日玲，至於南迴搞軌案的陳氏紅琛則是後來的事了。

當時以為越南就是戰亂貧窮、凋敝落後、滿城春色，加上臨行前又傳出禽流感疫情，因此完全沒料到這個被中國影響一千年，被印度影響四百年，被法國影響一百年，被美國影響二十年，歷經了十年海上難民潮與國際孤立，再到台商投資的大本營，竟然會成為我第一本書的主角！

今日之音

據統計，目前台灣每年赴越商旅人數近四十萬人（編按：此為二〇一五年的人數，近年因疫情影響，數字波動較大），而台灣的越配、越籍移工、越籍留學生加起來約三十九萬兩千人，另外還有十萬五千多具有越南血統的新台灣之子。

我們會發現：巷口的蚵仔麵線口味有點不同，原來老闆雇用越南女子掌廚；逢年過節回中南部老家，隔壁那個雙眼慧黠、燒著金紙、拿香對拜的鄰居小孩，身上流有二分之一的越南血統；乘坐台北捷運隨手取閱的營運資訊，不僅有英日文版，更發行越文版；去醫院探視臥病在床的長輩，隨侍在側的可能是年僅二十出頭的越籍看護。

當許許多多的越南經驗逐漸在生活中累積時，大多數的我們可能還是用舊思維去看待他們或與他們相處，因此我們或許不知道這些越南人：

‧他們的祖先曾擊敗忽必烈率領的蒙古大軍；
‧他們的高僧曾為了對抗獨裁政權不惜自焚殉道；
‧他們的鋼琴家曾是亞洲首位蕭邦鋼琴大賽冠軍；
‧他們的間諜曾潛伏在美國《時代》雜誌長達十年；
‧他們的服飾品牌 Ipa-Nima 深受希拉蕊、凱特布蘭琪、王菲、楊紫瓊等愛用；
‧他們的太空人范遵（Pham Tuan），早在一九八〇年就隨著蘇聯太空船進入太空，是亞洲進入太空的第一人；
‧他們的越戰孤兒羅斯勒（Philipp Rosler）是德國內閣中首位具有亞裔背景的前副總理；
‧他們的數學家吳寶珠（Ngo Bao Chau）曾榮獲國際數學界最高榮譽費爾茲獎……

事實上，這些跨海來台的越南男子或女人，他們許多人的家都在全世界第六長的湄公河畔（湄公河又稱爲九龍江，因有九個出海口），那裡一年三熟的稻米足可養活一億人。但是，越南曾有全世界國民所得倒數第二低的紀錄，至今仍是許多越南年輕人亟欲甩開的包袱，因此他們離鄉背井、外出打拚，希望有朝一日能光榮返鄉。

明日之歌

過去法國人、美國人挾持帝國霸權的優勢，對越南的認識領先全球這其來有自；而日本人面對二次大戰的殖民屬地越南，他們的深耕態度我也可以理解；但是如果連韓國人和新加坡人也在越南勢力坐大時，我就不禁喟嘆了：一個人或一個國家的高度，取決於他們看待別人的深度與廣度。相較於我當年對越南的傲慢與偏見，我決定開始書寫，這是一種反思也是一種彌補。我以我居住的胡志明市爲紀錄重點，書裡的越南原文一律採取英文拼法，方便讀者日後上網查詢，畢竟台灣人閱讀英文資訊還是比越文容易許多。

我在越南時，每當太陽西下，北緯十度的晚風拂面襲來，我就想到人世間最浪漫的事莫過於革命這句話。當年越共能在夜間的水田裡一躲躲上四、五個小時都不被察覺，這背後若不是有一種星子般的浪漫情懷在支撐著，他們怎能捱過那許多個漫漫長夜呢？

也許台灣被歐美綁架太久，被日韓下蠱太多，那麼現在，就讓我們大喊一聲「莫・害・怕」（mot hai ba，意思是一二三，越南人舉杯前的助興詞），一起來看看這個讓我行住坐臥都能感受另類浪漫的鄰近國度吧！

第一部 歷史故事

第二部　文藝巡遊

第三部 食樂札記

第四部　旅越生活

第一部

歷史故事

法屬印度支那

百年殖民下的優雅與殘酷

初到胡志明市，在紛擾的喇叭車流中，我對窗外那一幢幢散發著芒果起司般色澤的法式建築植下了極深刻的印象。道路兩旁矗立著當年法國人種的羅望子樹，還有隨處可見的滴漏咖啡與法國麵包，這一切的感官都指向一個我來不及參與的時代，法國人確實來過這裡。

傳教士敲響的殖民鐘聲

越南與歐洲的接觸最早可追溯到西元二世紀，當時托勒密的航海圖曾出現 Cattigara 一詞，據考證可能就是後來馬可波羅在一二九二年到過的交趾郡（Caugigu）古音，即是今日越南湄公河三角洲附近。

老照片裡的西貢。法國人蓋的飯店與劇院均健在。

開啟法國殖民越南歷史的大主教宮舊址。

十六世紀大航海時代來臨，葡萄牙探險家曾叩訪越南，之後法國與西班牙的傳教士也陸續來到越南。

一七八九年越南阮朝繼承者阮福映（Nguyen Phuc Anh，後來的嘉隆皇帝）爲感謝法籍傳教士百多祿（Pierre Pigneau de Behaine）幫助他平定西山之亂（Tay Son Movement），特別在今日胡志明市第三郡蓋了一座大主教宮，後來百多祿在這裡擔任阮福映的長子——太子景（Prince Canh）的私人教師，太子景也成爲第一位留學法國的越南王室。

到了十九世紀，明命皇帝對天主教採取禁令措施，此舉後來導致法皇拿破崙三世藉口有傳教士被殺，在一八五八年出兵攻打中越的峴港（Da Nang）。不久法國人占領南越地區，稱爲交趾支那（Cochinchina），後又將中越稱爲安南（Annam），北越稱爲東京（Tonkin）。

從高樓鳥瞰胡志明市，真有小巴黎的味道。

一八八四年中法戰爭後，越南、柬埔寨全面淪爲法國殖民地，因爲地處印度與中國之間，史稱「法屬印度支那」（French Indochina），這個名詞一直沿用至一九五四年法國人撤離中南半島爲止。

在越南的城市中，以舊稱西貢的胡志明市受法國影響最深。

法國人在一八五九年占領了湄公河下游的嘉定地區，後來便以「西貢」來稱呼這塊滿布柴棍與軋棉子村的溼地。現今留下的法式建築很多是一八六〇年後的新古典主義（Neoclassicism）、一八九〇到一九一〇年代的新藝術（Art Nouveau）或一九二〇到四〇年代的裝飾藝術（Art Deco）代表。

殖民生活面面觀

法國殖民時期每當船一靠岸，碼頭邊最先喚來的是搬運工以及旅店業者，一旦談妥住宿地點後，法國人的衣服已汗濕淋漓急需替換衣物，因此裁縫們也得趕緊伺候法蘭西嬌客。

當時西貢裁縫業者多是中國移民，集中在今天第一郡同起街（Dong Khoi Street）上，法國人對衣裝及軍服要求很嚴格，爲了滿足法國長官對白到刺眼的涼爽亞麻西裝需求，他們往往能在四十八小時內做出整套西裝與鞋子，附帶洗熨髒衣並修理懷錶，而他們也擅於模仿圖片畫冊中的巴黎流行款式，法國貴婦訂做一套洋裝往往穿三次後就轉頭送給傭僕，當然這背後壓榨的是當地底層的越南勞力。當街頭出現越來越多白色亞麻身影，視覺的群聚效應與歸屬感，也讓飄洋過海的法國人不再想家。

當時法國人在西貢做的第一件事是建立植物園，之後才陸續進行金融、宗教、法律、郵政、藝文等各方面建設，令人痛心的是教育竟然擺在最後一位！

總督下令汲乾沼澤地，塡滿古運河，興建西貢港，然後規畫棋盤式街道、放射狀圓環、遮蔭的路樹、聚會的教堂，以及長迴廊、大長窗、高地基的法式建築群。

法國人在西貢的社交活動通常在傍晚較爲舒涼的時刻進行，法國女人早上九點到傍晚六點之間更是鮮少出門。傍晚華燈初上，衆人換好衣服後，先搭馬車到草禽園看珍稀的熱帶動物，購買工藝紀念品，逛圖文並茂的版畫書店，喝白蘭地咖啡，吃山竹水果甜點，參觀法式建築，遊西貢河，討論賽馬場次，參觀沼澤渠道等……。

初來乍到者第一天的晚餐通常會鼓起勇氣嚐嚐外皮酥脆、內有軟糖口感的炸蟲食物，還有燉煮了四十八小時的象鼻火鍋等獵奇料理，同時遲疑著是否要繼續吃燕窩。之後每周三晚上擦亮鈕扣皮鞋，衆人吆喝赴一場露天音樂會，晚上十點十一點再到堤岸聽一場中國歌劇或聞一聞廟宇線香，順道在鴉片煙館抽幾管煙，別忘了星期天早上八點要去西貢聖母大教堂望彌撒。

人們常感嘆，當年法國人穿著橄欖皂味的襯衫到河口獵豹，在番荔枝樹下的餐桌大啖小凱門鱷，有時乘坐黑色雪鐵龍到叢林驛所巡視，或奔馳在通往某個種植胡椒的小村落路上。從這裡可以看出法國人只想剝削不想深耕，靠著輪船與火車開採木材橡膠、種植茶葉咖啡，但也開放鴉片酒精以及駭人聽聞的仰式斷頭極刑。

建於一八六四年的**胡志明市草禽園**（見283頁），是當年法國殖民計畫中最早實行的建設之一，不僅是越南歷史最悠久的動植物園，裡頭蓊鬱的熱帶森林更是不可錯過的百年綠建築。

現今位於胡志明市第一、四郡交界的章揚碼頭（Ben Chuong Duong），在法屬時期曾有「東南亞華爾街」的美稱，當年許多外商銀行在此落腳，國際金融的盛況可謂空前絕後。其中建於一八七七年的**越南國家銀行胡志明市分行**，前身為東方匯理銀行（Banque de I'Indochine，也稱為印度支那銀行），當年主

（左）紅教堂前有座手抱地球、腳踏毒蛇的聖母雕像，曾顯靈落淚。
（中）越南國家銀行胡志明市分行。
（右）胡志明市草禽園首任園長皮耶（J.B. Louis Pierre）雕像。

要經營殖民地的各項金融業務，法國人在越南發行的第一張紙鈔就是從這裡流出的。

建於一八八〇年，**別名「紅教堂」的聖母大教堂**，當年法籍建築師以巴黎聖母院爲藍圖，從馬賽港運來一磚一瓦，斥資兩百五十萬法朗，終於打造了這座法國殖民地中最具代表性的紅磚教堂，是法國殖民官員每年聖誕子夜必去朝聖之地。同年，**西貢關稅貿易中心**也告落成，這是一棟專門陳列英、法高級舶來品的三層樓百貨公司，裡頭進口的布料與懷錶只有上流階層的人才有能力購買。

建於一八八五年的**胡志明市人民法院**，山牆上刻有希臘女神與越南人民互動的溫馨情景，但卻拯救不了那些在殖民時代勇敢爭取獨立的越南青年悲慘命運，只能眼睜睜看著他們走上仰式斷頭台。

（上）西貢關稅貿易中心。
（中）胡志明市人民法院。
（下）當年法國人用來處決政治犯的仰式斷頭台，犯人可以眼睜睜看到鍘刀落下的瞬間。

中央郵政總局。

建於一八九〇年，全越南最古老的**中央郵政總局**，門口那座超過百歲的古董大鐘有著十九世紀末歐洲公共建築的特色。當年法國貴婦撐著陽傘來此郵寄信件或包裹，將她們在殖民地的所見所聞與遠方親友分享。同年，刻有羊角般的希臘柱式以及髮型如鳥翼的水星之神赫密斯頭像的**胡志明市博物館**也宣告完工，那些法式長窗、老式捲簾，總是遮蔽不了它曾是法國官員府邸的風光。

建於一九〇〇年的**胡志明市立劇院**，舊名西貢歌劇院。正門有兩座半裸的女神雕像，上方的拱心石則有兩位手扶豎琴的天使。當年這裡是法國上流階層衣香鬢影、冠蓋雲集的高級藝文場所。後來法國人撤離越南時，它則是等著被遣送回國的法籍人士避難所。

（上）胡志明市立劇院。
（下）胡志明市政廳。

胡志明市博物館。

建於一九〇八年的**胡志明市政廳**，如果只看它刻滿洛可可華麗風格的天際線，不去理會前方種植的熱帶植物，會以爲置身在巴黎或布拉格。夜景更是美麗。

濱城市場。

建於一九一四年的**濱城市場**，仍保有當年法國人設計的鐘塔，以及東、南、西、北四個出口，南門的圓環還是小馬哥周潤發拍攝《英雄本色三》的電影場景！

法國人統治越南雖然採取愚民政策，但也蓋了幾間學校，做爲培植、分化或籠絡當地居民的工具。創立於一九一八年的**瑪麗居禮高中**，過去是一所講高級法語的貴族寄宿女校，校園以北非阿拉伯色彩的拱門迴廊著稱。

碩果僅存的四條法文路名

一九五四年，法國人在奠邊府（Dien Bien Phu）一役戰敗，從此撤

（左）巴斯德路，這條紀念法國微生物學家巴斯德的路是胡志明市最長的路，貫穿市區最精華的一、三郡。
（右）瑪麗居禮高中，前方有座居禮夫人的胸像，該校校友投身抗法、抗美的不在少數。

離了越南。

如今，面積兩千平方公里（約台北市八倍）、人口九百多萬（約台北市兩倍）、海拔十一公尺的第一大城胡志明市，只有四條道路用來紀念法國人：發明越南拼音文字的神父亞歷山大．德羅（Alexandre de Rhodes）、發明卡介苗與創立西貢巴斯德研究所的卡密特（Albert Calmette）、從未到過越南、其徒子徒孫卻深深影響越南近代公衛體系的微生物學之父巴斯德（Louis Pasteur），以及發現鼠疫桿菌與創建芽莊巴斯德研究所的葉赫森（Alexandre Yersin）。

碩果僅存的四條法文路名讓人確知，法國人統治越南雖近百年，

（左）頭戴白盔帽、身穿白亞麻西裝的法國殖民官員出巡，後面還有舞獅。
（右）法屬時期河內劇院的街景。

贏得民心者畢竟少之又少。但即便如此，西貢，那個帶有上個世紀鄉愁韻味的法式舊名，仍活在無數人的心中。

- **大主教宮舊址**：180 Nguyen Dinh Chieu, District 3
- **草禽園**：2B Nguyen Binh Khiem, District 1
- **越南國家銀行胡志明市分行**：17 Ben Chuong Duong, District 1
- **聖母大教堂**：Le Duan, Dong Khoi路口，District 1
- **西貢關稅貿易中心**：135 Nguyen Hue, District 1
- **胡志明市人民法院**：131 Nam Ky Khoi Nghia, District 1
- **中央郵政總局**：2 Cong Xa Paris, District 1
- **胡志明市博物館**：65 Ly Tu Trong, District 1
- **胡志明市立劇院**：7 Lam Son Square, District 1
- **胡志明市政廳**：86 Le Thanh Ton, District 1
- **濱城市場**：Le Lai, Le Loi, Ham Nghi交會處，District 1
- **瑪麗居禮高中**：159 Nam Ky Khoi Nghia, District 3

漢化的國度

莒哈絲的情人與神農氏六世孫

越南是一個漢化很深的國家，但到底是怎樣的「深」法，恐怕不是課本裡所寫的「秦始皇設象郡、漢武帝設交趾郡」那樣百般無聊。如果越南的漢化，是透過一位糾纏在親人、情欲、種族之間的法國少女的親身體驗，那肯定很吸引人，因此莒哈絲（Marguerite Duras）在一九八四年榮獲法國龔固爾文學獎的《情人》才會掀起一股風潮。書中那位穿著淺色榨絲綢西裝、講法語帶點做作的巴黎口音、全身散發著香水和英國菸味的「情人」，更是我們了解當年華人在越南生活的最好鏡像。

只不過這位出身華裔金融家的情人，眞實的名字很潤肺化痰，叫做黃水梨（Huynh Thuy Le），據說後來移居美國，死於一九七二年。如今在沙瀝市（Sa Dec）還保存著他的故居。

莒哈絲的情人黃水梨。

從神話到史實

自古以來，越南與中國山連山、水連水，如果要了解黃水梨背後所代表的漢化譜系，必須從越南的神話說起。

胡志明市草禽園內有一座雄王廟，為紀念越南的開國始祖雄王，相傳他是神農氏的第六世孫。

傳說神農氏五世孫貉龍君與仙女嫗姬生下一百個蛋，定居在紅河流域。後來貉龍君帶領五十個兒子住在平原及河邊，其中長子雄王（Hung Vuong）建立了越南最遠古的鴻龐王朝（Hong Bang），國名文郎（Van Lang），約在今日越南北部。

到了秦漢時期，中國軍威遠播越南，中國漢字也在這個時期傳入越南，直到法國人統治之前，越南都使用漢字書寫。西元三十九年，徵側和徵貳兩姊妹曾起義反抗中國，後雖失敗，但從此被尊稱爲二徵姊妹（Trung Sisters）。

在東漢、魏晉南北朝、隋唐、五代十國等一千多年中，越南一直都是中國的藩屬。到了西元九六八年，丁部領統一越南境內的割據勢力，被宋太祖趙匡胤封爲交趾郡王。十三世紀，越南名將陳興道曾三次擊退蒙古大軍；十五世紀初，鄭和下西洋首站來到了越南的歸仁（Qui Nhon），不過隨後而來的中國明軍卻被越南英雄黎利打敗。西元一八〇三年，阮朝嘉隆皇帝欲改國名爲南越，清朝嘉慶皇帝將之顛倒爲越南，並封他爲越南國王，從此越南國名正式確立。

章揚碼頭與越南最大的中國城：堤岸

華人在越南的近代發展史，與今日胡志明市第一、四郡交界處的章揚碼頭有關。章揚碼頭自古以來水陸環境優越，是湄公河三角洲的轉運中心。由於這裡貨物的交易與往來都很方便，因此商貿鼎盛，成爲早期中國人移居越南的首選之地。大約從宋、元之後，華人移民越南更甚。後來許多明朝遺民爲了躲避清廷的侵略，從海南島、福建、廣東、潮州陸續逃入越南，也定居在章揚碼頭一帶。

一七七六年，中國移民爲了逃避阮福映與西山叛軍的戰爭，沿著章揚碼頭往西移居，形成新的華人生活圈，也就是今日胡志明市第五、六郡——舊稱堤岸（Cholon）的地方。

我想，黃水梨的祖先大概也在這段時間從中國輾轉遷徙到這裡。黃水梨的父親黃錦順（Huynh Cam Thuan）以營建業起家，無論在堤岸或沙瀝都有爲數龐大的房地產。據莒哈絲形容，當年經商的中國移民中，黃水梨的父親是最可怕的，他的富有讓他看不起屬於統治階級的法國少女的家庭，

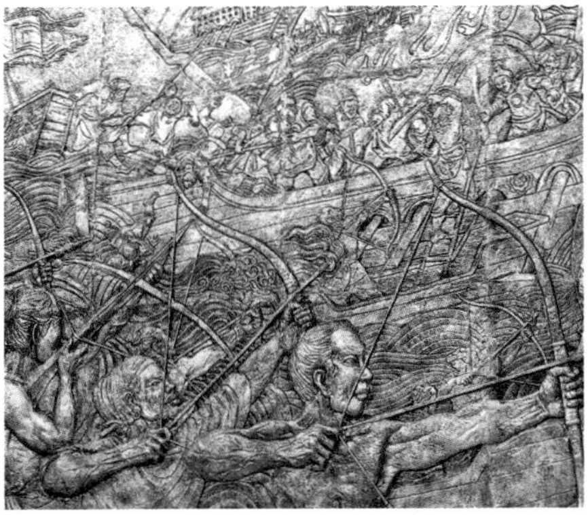

（左）描繪越南名將陳興道如何利用河底木樁破壞蒙古戰船入侵的銅雕。
（右）越南的古廟都寫中文。覺林寺建於一七四四年，是胡志明市最老的建築之一。

（左）越南早期的階級制度：法國人高高在上，其次是穿金戴銀、士農工商的華人，最下層則是飢餓貧窮、飽受欺壓的越南人，這也是越南後來走向解放的最大原因。（洪志明攝）
（右）精美的鑄鐵欄杆與灰泥粉刷，訴說著華人曾經風光的歲月。

可見當年華人在法國統治下自有一套生存模式，而且生存得相當好！

一九三一年，法國政府把堤岸納入西貢範圍，至此西貢的輪廓已經大致成形。目前越南境內約有一百萬華人，主要分布在南越，堤岸是越南境內最大的華人區，素有「小香港」之稱。

莒哈絲記憶裡的西貢華埠

一九二九年一個星期四的下午，十五歲的莒哈絲跟著二十七歲的黃水梨來到堤岸一間有著華麗風格、被藍瓷護欄所包圍的私人公寓。雖然書中沒有寫出正確的地點，但推測可能在今日老子街（Lao Tu）與阮豸街（Nguyen Trai）附近，當時這一帶是著名的紅燈區。我想，穿著白色棉布制服的司機，應該是開著法國黑頭車，沿著陳興道街，一路把莒哈絲從西貢國立寄宿學校接到了堤岸。

在這段不算短的路上，莒哈絲一定看到了垂直狹長的中文招牌、黑底金字的油亮匾額、點著花生油燈的鴉片煙館、挑著擔子隨處蹲坐的叫賣小販、吊著螺旋線香與交趾陶燒的石獅寺廟、滴著黃油的烤鴨菜館、曬著蛇乾的中藥店舖，而路旁穿著中式短褂的人可能在同鄉會館幫人解籤算命，還有巷弄裡不時傳出的麻將聲，伴隨著茶渣、痰盂以及上海美女月份牌。

就是這股神祕又特殊的氛圍，讓莒哈絲在七十歲高齡還能憑藉著記憶寫出下面這段話：「是在堤岸。是在連接著中國城和西貢市中心的林蔭道對面，那些美式大道上電車、黃包車、大巴士絡繹不絕……這是個享樂的城市。夜晚尤其熱鬧……焦糖的氣味傳進了房間，接著又有炒花生、羹湯、烤牛肉、香草、茉莉花、薰香，還有炭火，炭火是裝在籮筐裡，在街上叫賣的。」（摘自允晨文化《情人》）

當年華人的生活

除了黃水梨家族，黃文華（Hua Bon Hoa）也是有錢的華僑代表。黃文華綽號火叔，祖先於明末清初從福建移居越南，他最初從事資源回收買賣，後與法國人合開當舖，在西貢與堤岸地區擁有兩萬筆以上的房地產，包括今日西貢河畔的華麗飯店（Hotel Majestic，見53頁）。

建於一九二五年的胡志明市美術館（見161頁），就是當年黃文華家族的宅邸兼辦公室，原本設計了一百扇門窗，但法國政府下令減少一扇，也不准許他們打開大門，因為黃家這座大門比法國

華人黃文華的老宅，今日胡志明市美術館。

堤岸的華人神父譚公蘇，也許還認識莒哈絲跟黃水梨呢。

總督府的正門還要大。

以現在的眼光來看，裝了鐵窗的美術館猶有風韻，彩色玻璃與扶手欄杆精緻典雅，最重要的是二樓後方有一座立著風信雞的藍瓷陽台，還有被太陽曬蔫的露天花園與琉璃拱門，跟莒哈絲書裡描寫的華人住宅幾乎一模一樣。如果你有膽量來此一遊（據說這裡曾鬧鬼），記得數數看這棟老宅是否共有九十九扇門窗？

另一個華人代表是郭潭（Quach Dam）。一九二八年他興建的平西市場（Binh Tay Market）是當時全亞洲最大的市場，這座融合法國風味與中國寶塔的建築至今仍是胡志明市最大的傳統市場，以中式貨品的大宗批發爲主。市場中庭有一座郭潭紀念碑，香火鼎盛。

老辛桑的故事

之前我們在越南請的司機老辛桑，本身就是三代世居堤岸的廣東華僑，我曾問他早年華人在堤岸的生活情景，從他濃濃的廣東國語中，我彷彿看到了當年堤岸的鴉片煙館、舞廳、賭場、妓院，還有許多窸窸窣窣的間諜網絡藏匿其中。

最令我好奇的是，老辛桑的「車品」之好，完全沒有一般越南人動不動就超車、不按喇叭就不會開車的習慣。原來，老辛桑小時候家裡就養了六台法國車，他從十四歲起就常常開著那些法國車在街上招搖，所有的開車技術與保養知識都是在那時候學的。但就像當地大多數的華人一樣，所有的好日子都在一九七五年成爲一個斷代，那年，老辛桑剛好十八歲。

越南解放前，華人控制了南越地區六成以上的經濟活動。早期的華人雖然很多都是富商巨賈，但給人的觀感並不一定好。解放後，原本屬於資產階級的華人在就業、升學、語言、國籍、甚至生活上都遭受很大的限制與打擊，有的財產充公，有的下放勞改，不少華人不堪其苦，據說當年餓死海上的

（左）美術館裡的歐式電梯據說是全西貢第一座，由華人啟用。
（右）華人創建的平西市場。

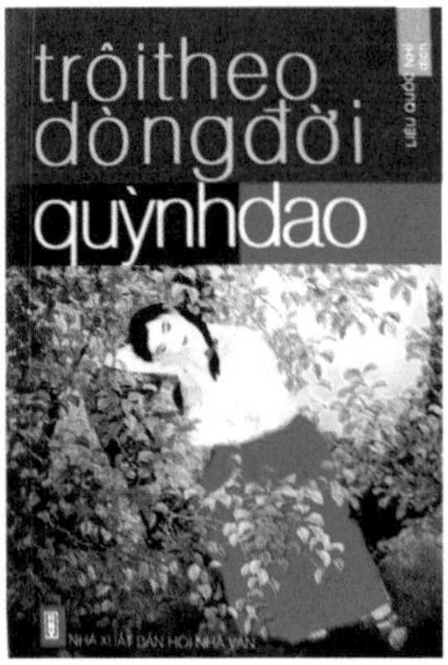

（左）越南人愛看瓊瑤、金庸小說。
（右）越南人跟我們一樣愛拜土地公，但他們是直接放在地上拜。

難民將近四十萬人。再加上一九七九年越南與中國開戰，雖然戰爭只持續一個月，但雙方關係急凍至冰點，必然波及了華人的地位。

直到一九九〇年後，越南政府才逐漸放寬對華人的限制。現在老辛桑他們家講的是廣東話，吃的是中國菜，喝的是二十四味廣東涼茶，拜的是關公或媽祖，看的是兩岸三地華語頻道的電視節目，每年端午包粽、中秋提燈（跟我們元宵提燈不一樣）、除夕圍爐都是大節日。每次老辛桑談起他那個中文系畢業、生肖屬貓（十二生肖的兔在越南變貓）的女兒就掩不住驕傲的神情，他女兒畢業後的工作機會與薪資待遇一直都很不錯。華人在越南也創造了不少成功品牌，如：明隆瓷器（見262頁）、藝昌家具、大發禮餅、平仙鞋業、蔡俊紡織等，顯示華人的地位與生活都已回復往日水準。

● **黃水梨故居**：255A Nguyen Hue, Sa Dec
● **覺林寺**：118 Lac Long Quan, Tan Binh, District
● **胡志明市美術館**：97 A. Pho Duc Chinh, District 1
● **平西市場**：578 Thap Muoi, District 6

國父胡志明

從法國商船的廚子到越南革命家

村上春樹有本小說叫做《海邊的卡夫卡》，內容我並不清楚，不過我倒是在越南遇見了「海邊的胡志明」，一次在潘切（Phan Thiet），一次在胡志明市。

二十世紀最具影響力的百人之一

胡志明（Ho Chi Minh，一八九〇——一九六九），這位越南社會主義共和國的國父一生擁有過許多名字。

Bons baisers à ma petite filleule Babette.
Ton parrain
Hô

一九四六年的胡志明。

幼時叫阮生宮（Nguyen Sinh Cung），及長稱阮必成（Nguyen Tat Thanh）或阮愛國（Nguyen Ai Quoc），年輕時曾化名阿三、李瑞、胡光、秋翁，直到一九四三年才正式定名胡志明，意謂點燈者。

從一九四一到一九六九的二十八年間，胡志明領導越南人民走上漫長又艱苦的獨立建國之路。老實說，

（左上）胡志明當年打水的古井，他用井水澆灌後院的波羅蜜樹。
（左下）當年胡志明備課與閱讀的地方，桌椅、木床、衣櫃、硯台、玻璃杯、菸灰缸一應俱全。
（右上）潘切的育青學校。這棟木屋就是當年胡志明授課的地方。
（右下）遠眺百年前胡志明教書的漁村潘切，如今是海濱度假勝地。

當初根本沒有人看好這位骨瘦如柴、留著山羊鬍、患有肺結核、穿著橡膠涼鞋、以謙卑形象著稱的胡伯伯（Uncle Ho）居然可以打敗法國人又趕跑美國人！越戰期間，那條讓美軍犧牲慘烈的「胡志明小徑」（Ho Chi Minh Trail）就是他下令修建的。

一九七五年，胡志明逝世後六年，越南正式統一，爲了紀念這位曾被美國《時代》雜誌評選爲二十世紀最具影響力的百人之一，前南越首都、也是越南第一大城的西貢，從此改名爲胡志明市。

潘切的育青學校

胡志明出生於越南中部的義安省（Nghe An），四個孩子中他排行老么，父親精通漢文、曾任官職，可說是書香門第。

一九一〇年，二十歲的胡志明前往南方漁村潘切教書，當年他在育青學校（Duc Thanh School）不僅傳授越文、法文、漢文、武術，還引進伏爾泰、孟德斯鳩、盧梭等觀念，因此頗受學生的愛戴與歡迎。有位叫做阮京志（Nguyen Kinh Chi）的學生，最後還成爲博士、官拜衛生部副部長！

六十多年後，南北越統一，當地耆老爲了紀念胡志明當年的貢獻，根據記憶重建了這所學校，於一九八六年正式完工。

胡志明紀念館

舊名龍屋（Dragon House）的胡志明紀念館位於胡志明市第四郡，建於一八六三年，當年曾是法國海關的辦公廳，以其屋頂有兩條龍形圖騰而得名。

當年二十一歲的胡志明從潘切來到西貢，成爲法國輪船拉都舍．特萊維勒號（Latouche-Treville）的廚子與火夫，一九一一年六月五日他就是從這裡登船出海，追尋越南的獨立之路。

（左）遙想一九一一年出海救國的青年胡志明。
（右）胡志明紀念館前身是法國海關辦公廳，舊稱龍屋。

當初應徵時，法國人是這麼記錄他的：其貌不揚、嘴半開。法國人萬萬沒想到，三十年後，這位嘴半開的小子竟然成爲他們的頭號異議份子，並在一九五四年的奠邊府一役創下軍事史上的奇蹟，把法國人徹底趕出越南。

海上革命家

胡志明頗具語言天分，據說他懂中、法、英、俄、泰、越文。當然，這與他跑船遊歷了法國、蘇聯、中國、美國、英國、德國、阿爾及利亞、剛果、比利時、瑞士、義大利、泰國、香港等地有關。一九一一年他初到法國時，曾在照相館打工，也做過侍者、清潔工；隔年他隨船去了美國，曾在波士頓的旅館擔任麵包師傅，這段期間他喜歡上駱駝牌與鴻運牌美國香菸，還有墨利斯．雪佛萊（Maurice Chevalier）的歌；之後他去了英國，據說還在英國受過西點麵包師傅的訓練。我想金牛座的他，如果沒有走上革命這條路，說不定會成爲很有名的廚師、美食家或者翻譯家。

一九二〇年胡志明加入法國社會黨，這段期間他結識了周恩來。一九三〇年他在香港創建越南共產黨，隔年遭到港英當局逮捕，後來在宋慶齡的協助下，經海參威抵達莫斯科。一九四三年，他在廣西遭到國民黨逮捕，關押年餘，並在這段期間寫下著名的漢文詩集《獄中日記》。

二次大戰結束時，胡志明領導的越南獨立同盟會，簡稱越盟（Viet Minh），已經控制了越南大部分的國土。一九四五年九月二日，他引用美國《獨立宣言》和法國《人權宣言》的理念，在河

小學生心目中的胡伯伯。

內巴亭廣場發表了著名的《獨立宣言》，正式成立東南亞第一個共產國家「越南民主共和國」。當他對群眾發表演說時，講了幾句話後，突然問台下的人能否聽到他的聲音，過去越南從來沒有任何上位者像他這樣親民。

一九四五到一九五四年，法國勢力捲土重來，胡志明在中國的協助下，取得了第一次印度支那戰爭（抗法戰爭）的勝利。無奈一九五四年日內瓦會議以北緯十七度線將越南分成南北兩邊，此舉讓胡志明決心要徹底統一越南，於是俗稱越戰的第二次印度支那戰爭接著展開，他的名言就是：「我每殺你一人，你就殺我十個人，然而就算以這樣的比例，我也終將獲勝。」

胡志明小徑

一九五九年，胡志明下令北越軍方運用北緯十七度線附近隱蔽且不易被偵查的熱帶叢林地形，開闢了一系列繞道寮國、柬埔寨境內的水陸網絡，做爲滲透南越以及對抗美軍的運輸系統，這就是日後被譽爲「二十世紀軍事史上最傳奇的游擊之路」——胡志明小徑。

這條總長約一萬六千公里的小徑在越戰中發揮了極大的作戰功用，據說從北到南，徒步要花整整四個月。當年北越透過這條小徑補給南方的槍枝、彈藥、糧食高達數十萬噸，從小徑進入南越的游擊隊員更高達上百萬人。一九六八年北越發動著名的「春節攻勢」（Tet Offensive，見250頁），就是透過這條小徑祕密進行。

當時美軍使用化學武器落葉劑對胡志明小徑展開瘋狂轟炸，也曾投下數十萬枚的電子感應器，企圖掌握越共通行的正確時間，最後甚至利用人造雨的技術讓這條小徑泥濘難行，但這些高科技武器始終無法破解這條小徑最原始的密碼：步行。

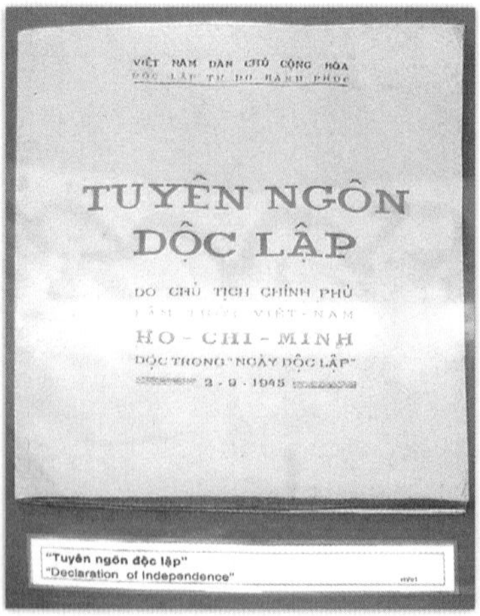

（左）越南紙鈔上的胡志明肖像。
（右）一九四五年九月二日胡志明宣讀的《獨立宣言》。（洪志明攝）

胡志明一九六四年的座車。

當年美軍在胡志明小徑上歷經的慘劇，後來還被好萊塢拍成了電影。我們可以說，美軍就是輸在這條承載了胡志明堅定信念的革命小徑上。

一九六九年，越戰仍持續，終身未婚的胡志明因心臟病逝世，享年七十九歲。他原本的遺願希望將骨灰遍撒在北、中、南三地的高山上，但戰時情況特殊，為躲避美軍的轟炸，他的遺體一直被祕密保存在中國提供的水晶棺內。直到越戰結束後，胡志明的水晶棺墓才正式移入首都河內的陵寢。

至今，胡志明的遺體都被細心保護著，據說每年秋天都必須送去俄羅斯接受定期保養與檢查。

● **育青學校**：39 Trung Nhi, Phan Thiet
● **胡志明紀念館**：1 Nguyen Tat Thanh, District 4

高台教的祕密

孫中山是白雲洞仙人弟子？

越南的高台教（Cao Dai）是一個非常有趣的宗教。它的聖殿絢麗多嬌，宛如「東方版的華德迪士尼幻想曲」，它有一枝會自己移動的鉛筆能寫下乩言，還有碟仙所警世而成的預言書，最特別的是在這裡國父孫中山手持一只會發光的硯台，與法國文豪雨果雙雙變成白雲洞仙人阮秉謙（Nguyen Binh Khiem）的弟子。

第三大教的傳奇緣起

高台教發源於越南南部的西寧省（Tay Ninh，位於胡志明市西北方一百公里處，與柬埔寨相鄰），目前信徒超過一百萬人，僅次於佛教與天主教，是越南第三大宗教。

高台教由吳文釗（Ngo Van Chieu）創立於一九二〇年，是一個融合儒教、佛教、道教、回教、印度教、天主教、基督教、民間信仰，甚至共濟會等多元教義的宗教，而聖女貞德、觀世音、牛頓、老子、莎士比亞、瑤池金母、邱吉爾、姜太公、李白、關公等，都是高台教的先知聖者。

吳文釗原本在湄公河三角洲地區擔任地方官吏，因受到神靈感召，開始透過乩筆宣教；黎文

（左）西寧省高台教聖殿。
（右上）越南高台的三聖（由左至右）：孫逸仙、雨果、阮秉謙。
（右下）孫逸仙在越南降乩為中山真人。

忠（Le Van Trung）原本官大財大，後因健康問題遁入吳文釗門下，一九二七年他在西寧省黑婆山（Nui Ba Den）附近購地築殿，是高台教的頭使與金主；范公稷（Pham Cong Tac）曾是海關官員，則是高台教的護法與最佳公關人才，曾經招募了幾名法國信徒，讓高台教在國際上聲名大噪。

「高台」一詞源自老子《道德經》的「如春登臺」，指至高無上之神的居所或名字。高台教正式名稱是「大道三期普度」（Dai Dao Tam Ky Pho Do），傳說遠古時代天神曾對人類進行第一次普度（由佛教之燃燈古佛、道教之太上老君、儒家之伏羲、基督教之摩西來啟示人類），後來又有第二次普度（由釋迦牟尼、老子、孔子、耶穌創教救人）。但由於前兩次效果不彰，因此這次由高台神統領以往所有的宗教，對人類進行第三次、也是最後一次的普度，這就是高台教的傳說與由來。

由於高台教比佛教與天主教更懂得照顧農民，因此在短短幾年內迅速崛起，擁有相當多的農民信徒。一九二六年高台教向法國殖民政府申請登記，法國人認爲高台教的成立有助於安撫農民情緒，予以核准。高台教正式立案後會在報紙上刊登廣告，可見當時它們的宣教手法是非常現代化的。

高第風格的建築

高台教的聖殿色系以天藍色、金黃色、粉紅色爲主，鮮豔大膽、明亮奔放，據說是由西班牙建築大師高第的門生馬丁尼（Pedro Martino）協助設計。兩層樓高的矩形建築融合了天主教的高大鐘樓、佛教的蟠龍石柱、回教的洋蔥拱形，以及中國建築常見的飛簷翹角、滴水瓦當等。門口懸掛的三色旗代表佛、道、儒。入口兩旁有門神的浮雕以及鏤空的高、臺二字。屋簷上還有孔雀與其他象徵長壽吉祥的動物造型。

聖殿內部非常空曠，中間只放了一個小供桌。遠處的祭壇則有一個巨型的「天眼」。兩旁的窗框無論從正面到側邊、從屋頂到牆身、從外觀到內部，到處都可看到三角形的天眼，據說這可能是神祕的金字塔意涵。整個格局類似西方教堂，兩側均有走廊。中殿兩排的蟠龍圓柱，上接希臘古典柱式，繪上雲朵與星辰的藍色屋頂，象徵神靈居住的西方極樂世界，非常夢幻。

（左）高台教徒。
（右）正午的膜拜。

神職系統與膜拜儀式

高台教的神職架構相當完備，包括八卦台（立法）、九重台（行政）、協天台（司法）、福天（社會福利）與普濟（宗教教育）等，同時還有護法、頭使、副使、智使等各種職稱，而且女性同樣可以擔任神職人員，整個系統宛如金庸武俠小說《倚天屠龍記》的明教組織。信徒根據顏色區分：黃袍代表佛教的德行、藍袍代表道教的寬容、紅袍代表儒教的權威、白袍則代表一般信衆。此外，高台教也有出家制度，必須守戒、蓄髮、獨身和素食。

高台教也被稱爲獨眼教，無論是神職人員或是一般信徒，每天都要對著象徵九重天的綠色球體「天眼」進行四次膜拜，有人認爲高台教的天眼與美金一元紙鈔背面那隻金字塔上的眼睛同樣都來自全世界最大、最古老的祕密組織——「共濟會」的概念。

高台教的膜拜儀式類似伊斯蘭教，每日六時、十二時、十八時、二十四時舉行祭拜，以正午十二時那場最爲隆重，也是每位觀光客必須脫鞋才能入內參觀的宗教儀式。膜拜儀式大約持續四十五分鐘，包含信衆互拜、跪拜天眼、祈禱燃香、聖樂團與合唱團表演等。

從武裝部隊到觀光勝地

高台教的興衰本身就是一部越南近代史縮影，不僅反映了殖民地的斑斑血淚，也見證了越南一九七五年統一前各派系相互傾軋的複雜歷史（當時從西貢到西寧沿途就有法軍、南越軍、和好教、高台教、越共等武裝勢力），高台教一方面尋求獨立自衛，一方面又伺機選邊站，也埋下日後與共產黨決裂的因子。

最上一層供奉天眼，次一層神佛仙聖，再次一層為燈花果，再過來是水酒茶，最下一層則是香爐及燭台。

一九二九年，法國人有感於高台教的勢力逐漸坐大恐將威脅殖民政府，於是採取干預手段，導致高台教徒反法情緒高漲。一九四一年，法國當局逮捕以范公稷爲首的六名神職人員，並將他們流放至非洲東岸的馬達加斯加島。此時正值二次世界大戰，高台教遂與日本軍國組織黑龍會合作，建立高台教早期的武裝部隊。一九五五年，高台教與當時立場親美的南越政府和談，決定解散軍隊，僅留一部分聖殿武警。一九七五年北越解放南越後，雖然高台教在國會中擁有固定席次，但由於高台教過去在選擇合作對象時屢次押錯寶，因此至今仍受共產黨的嚴密監控。

如今，高台聖殿變成越南著名的觀光勝地，宗教氣息不似往日那般神祕，也許冥冥之中，那隻至高無上的天眼正以轉型後的觀光產業，默默地對人類進行祂的第三次普度吧！

阿嬤級教友。

《沉靜的美國人》

格雷安．葛林的西貢靈魂

對我來說，一九五五年出版的《沉靜的美國人》是一本推理小說，也是一本政治學教材，更是一本到越南必讀的旅遊書。過去越南當局把它視為反美宣傳品，因此觀光客很容易在路邊的書報攤找到這本英文小說的盜版蹤跡。

當年葛林（Graham Greene，一九〇四——一九九一）透過三位主角：英國記者弗勒、美國特務派爾、越南情婦鳳，預言了美國將陷入無可自拔的越戰泥淖。巧的是五十年後，有人諷諭前美國總統小布希就是書中那個一派天真的派爾，因為出兵伊拉克某種程度來說就是重蹈越戰的覆轍。也許正因如此，澳洲導演菲力普諾斯才會將它拍成電影，卡司包括：米高肯恩、布蘭登費雪、杜氏海嚴等，攝影師則是台灣人很熟悉的杜可風。

格雷安．葛林。

榮獲二十一次諾貝爾文學獎提名的英國作家

我也許可以這樣形容葛林，長年的記者生涯與情報員訓練，使他擁有異於常人的國際觀與政治正確。

他從日不落殖民帝國走來，卻入境隨俗地抽起鴉片（見227頁）；他出身英國軍事情報六局，卻也是一位記錄歐、亞、非各洲風情的文字工作者；他的作品曾被羅馬梵蒂岡教廷查禁，教宗保羅六世卻是他的讀者；他流連在美國貴婦、瑞典女星以及許多短暫相伴的露水情人之間，但每年聖誕節總不忘捎個禮物給英國髮妻，臨終時也把所有遺產留給了這位元配；他寫遍了小說、戲劇、散文、電影、遊記，甚至童書，卻可能因爲搶了某位諾貝爾文學獎評審委員的女人，始終與得獎絕緣；他被譽爲是二十世紀最會說故事的人，卻從來不願意說自己的故事，「我就是我的書」是他的名言，唯一一次接受BBC專訪時，他只現「聲」……。

（左）很容易在路邊找到《沉靜的美國人》，不時還可看到郵票冊、舊硬幣、古鈔票搭配其中。
（右）大陸飯店，三樓最左邊的房間就是葛林住過的二一四號房。

大陸飯店

大陸飯店（Hotel Continental）創建於一八八〇年，恐怕是法屬印度支那時期最古老的飯店。一九二〇年代英國作家毛姆曾在此居住。一九四〇年代，這裡成爲外國記者聚會交流的地方，美國《時代》雜誌的辦公室就設在二樓。

一九五〇年代，葛林派駐西貢，擔任《費加洛日報》與《周日泰晤士報》的特派員，此時大陸飯店已成爲外交官、記者、間諜、上流人士、名媛交際花出沒的場所。事實上，葛林曾在大陸飯店住過一段時間，他就是在三樓的二一四號房內，寫下了《沉靜的美國人》一書。

一九七五年北越解放南越，大陸飯店被迫關閉好長一段時間，直到一九八九年才重新開張，現已成爲胡志明市最具歷史意義的老飯店之一。

坐在大陸飯店咖啡廳的藤椅上，遙想當年葛林一邊在此啜飲他最喜歡的苦艾酒，一邊與人閒聊順便觀察路人的情景。他將這份經驗移植到小說裡，男主角弗勒坐在大陸飯店喧鬧的酒吧裡，第一眼就注意到新來的派爾：年輕、剃著小平頭、事事好奇，最重要的是很安靜，完全不同於其他那些高大、喧鬧、孩子氣的美國同業。這裡也是小說中三角戀情的起點，派爾第一次看到鳳，就是在大陸飯店。

在大陸飯店點杯葛林當年愛喝的苦艾酒，閱讀小說最是對味。

華麗飯店

除了大陸飯店，小說中常提到的另一個飯店是緊鄰西貢河畔的華麗飯店（Hotel Majestic）。建於一九二五年的華麗飯店比大陸飯店更氣派尊榮，外觀採用裝飾藝術。一走進大廳，木頭地板、彩繪玻璃、法式雕欄、古典家具、挑高空間，襯著昔日的黑白照片，讓人迎面就被一股濃濃的復古氛圍襲捲，眞不愧是東南亞地區最經典的殖民飯店建築之一。

二次大戰期間，華麗飯店曾是日本皇軍的兵營重地。到了越戰時期，它又成爲南北兩路的情資交換中心。看過榮華富貴也走過風雨飄搖，華麗飯店始終恪守著那份驕傲，因此吸引了世界各地的貴賓：法國前總理密特朗、法國影后凱薩琳丹妮芙、日本秋篠宮文仁親王、日本作家開高健、英國王儲安德魯、新加坡總理李顯龍等，當然還有葛林，當年他可是這裡長住的房客！

（左）華麗飯店的銅色門牌與獎章。
（右）華麗飯店。右方樓頂就是天風酒吧，可眺望西貢河的點點漁火。

（左）格蘭飯店。外觀半球體屋頂、奶油色牆面，內部則是大理石圓柱、桃花心木櫃台，至今沒有什麼改變。（右）從天風酒吧眺望西貢河，點一杯附了花生的「歡樂西貢」。

事實上我相信，葛林在西貢時最喜歡的地方就是華麗飯店，否則他不會在小說裡提到弗勒在性命危急時還想起了華麗飯店的清涼晚風、搖曳燈火，還有連連作響的三輪車鈴，也不會在派爾「出事」的那晚特意安排弗勒先去華麗飯店，然後再叫三輪車去老磨坊餐廳。

來到華麗飯店，絕對要去五樓的天風酒吧（Breeze Sky Bar）朝聖一下。原因無他，只因五十多年前，葛林就是從這裡眺望西貢河上的舢板小船與點點漁火，同時觀察著對岸那片被平川私人部隊（Binh Xuyen，現爲胡志明市第二郡）占領的香蕉林與水椰樹，是否出現異常動靜。

如今，胡志明市早已遠離了那段烽火歲月，白天你可以在此看到往返於胡志明市與頭頓（Vung Tau）之間的遊輪與忙碌的河道交通，夜晚在微風徐徐的吹拂下，則可欣賞七彩的觀光遊船與迷濛的低緯度繁星，同時啜飲一杯飯店自創始時就有的雞尾酒「歡樂西貢」(Happy Saigon)。

據說,戰時許多外國記者都愛喝這種融合椰子、橘子、番石榴以及越南烈酒的特調飲料,一方面放鬆心情,二方面也祈求和平降臨。我想葛林當年應該也喝過「歡樂西貢」,搞不好還常常喝,不然他在西貢怎麼會過得如此快活逍遙?

格蘭飯店

與華麗飯店只有對街之遙的格蘭飯店(Grand Hotel),舊名西貢皇宮旅館,與大陸飯店、華麗飯店並稱為胡志明市三大老牌旅館,於一九三〇年由當時西貢唯一的一間法文報社主編創建。

雖然小說裡並沒有直接點出弗勒住在哪裡,但有人認為格蘭飯店就是弗勒與鳳同居的地方。

我第一次走進格蘭飯店的大廳時有點傻眼,因為典雅的法式電梯居然出現苦海女神龍式的三

一幅描繪當年葛林出沒的卡提拿街(Rue Catinat)油畫,如今它叫同起街(Dong Khoi Street)。LV旗艦店幾年前在這隆重開幕,好萊塢明星布萊德彼特與安潔莉娜裘莉曾在這裡騎車閒晃。

色霓虹燈，而且大剌剌的閃光頻率就像是正在執勤的警車車燈！由於格蘭飯店後來又擴建新房，若想要體驗最道地的印度支那風情，請記得特別指名。

天虹大酒店

位於堤岸的天虹大酒店（Arc En Ciel Hotel），舊名大世界飯店，以現在標準來看或許並不出色，但一九五〇到七〇年代這裡可是「舞」林勝地，當年許多西貢的軍政要人都是「舞」國英雄，葛林可謂躬逢其時，趕上了那裡的夜夜笙歌，想必也結識了許多年輕貌美的紅牌舞女，提供他日後寫作《沉靜的美國人》女主角的諸多靈感。

當年飯店樓上的舞廳擁有室內及戶外兩座舞池，還有專屬樂隊現場伴奏，舞孃多來自上海或香港，可說紅極一時。小說裡的弗勒就是在這裡遇到身穿白色衣裙、年僅十八歲的越南舞女鳳，巧的是鳳本身也有華人血統。一九七三年大世界飯店改名為天虹大酒店時，還曾邀請台灣老牌明星白嘉莉來開幕剪綵呢！

如今來到天虹大酒店，你依然可以像小說裡的弗勒與鳳一樣在這裡跳舞，只是耳邊的音樂與腳下的節拍，早已不是書裡的那個調調了。

美國大使館舊址

葛林當初是根據一位派駐西貢的美國中情局上校蘭斯代爾（Edward Lansdale，見69頁）爲人物原型，去構思派爾這個角色，事實上派爾這個角色塑造得很成功，他代表了美國越戰時期的國防部長麥納瑪拉（Robert McNamara）。

葛林在小說中花了不少篇幅來呈現弗勒與派爾的對比，同時也暗批當年美國大使館那票人的思想太過天真：「我們已經用『我們的』觀念把他們培養長大，我們教會他們玩危險的遊戲，那就是爲什麼現在我們被困在這裡，擔心喉嚨會不會被割斷。」隨著之後的情節發展，有一次弗勒去美國大使館找派爾理論，換來的卻是躲在二樓男廁裡放聲大哭的狼狽下場。

（左）越戰時，美國駐西貢大使館前曾發生爆炸案。
（右）天虹大酒店，弗勒與鳳跳舞相識的地方。

今日達可橋上的小販與往來的機車行人。

達可橋

達可橋（Dakao Bridge）跨越了胡志明市北邊的氏藝河道（Thi Nghe Canal），越南人都叫它鐵橋（Cau Sat）。

舊的鐵橋已毀於一九七二年，現在這座水泥橋跟一九五〇年代葛林看到的那座美麗鐵橋已經無法同日而語。當年橋邊有一家老磨坊餐廳，餐廳裡架設了防止手榴彈攻擊的鐵護欄，因怕玻璃碎片傷人，所有的窗子都被挖空，晚上還有武裝警察在橋的這端來回巡邏，因爲入夜後河的那端就被越盟控制了。

從如此驚險的地方飄出來的奶油烤雞味想必讓葛林印象非常深刻，否則他也不會把張力最大的小說場景搬來這裡。在電影裡，達可橋這場夜戲導演處理得非常精采，不論是搭景、運鏡、走位、色調、配樂等，都已到了希區考克的境界。

想知道派爾最後到底出了什麼事嗎？請看《沉靜的美國人》！

- **大陸飯店**：132-134 Dong Khoi, District 1
- **華麗飯店**：1 Dong Khoi, District 1
- **格蘭飯店**：8 Dong Khoi, District 1
- **天虹大酒店**：52-56 Tan Da, District 5
- **美國大使館舊址**：39 Ham Nghi, District 1
- **達可橋**：Cau Sat, District 1

古芝地道網

越共的游擊聖地與地下總部

We are the unwilling **我們是不情願的**
Led by the unqualified **被不夠格的人領導**
Doing the unnecessary **做些不必要的事**
For the ungrateful **為了那些不知感激的人**

——柯爾利（John Corry，越戰老兵，曾獲美國紫心、銅星勳章）

我出生在美軍全數撤離越南的那一年，越戰感覺上好像與我們這種生長在寶島台灣的「六年級前段班」沒什麼關係。但當我試著把成長經驗與越戰歷史重新組合起來時，我才發現，越戰早就以一種非常巧妙的姿態嵌入了我們的生活——

我們出國常搭華航，但我們可能不知道在一九六二年越戰初期，華航曾以「南星小組」的名義為美軍執行祕密任務；我們購買「老頑童」畫家劉其偉的藝術商品，但我們可能不知道他曾在一九六五年派駐越南擔任工程師，詩人洛夫也在這一年以軍事顧問兼英文祕書的身分赴越，日後寫下了著名詩作〈西貢詩抄〉；我們愛聽黃鶯鶯與蘇芮的歌，但我們大概不知道一九七〇年當她們在台中清泉崗美軍俱樂部駐唱時，台下的美國大兵可能昨天才駕著B-52轟炸機從越南飛抵台灣度假，開啟了台灣情色產業的輝煌時期；我們讀白先勇與黃春明的小說，但我們可能會忽略《孽子》裡那位與美國海軍大兵強尼同居的麗月姐，以及《小寡婦》裡那位幫美國大兵祈求平安符的吧女菲菲……。

美國的傷痛

越戰到底從哪一年開始？大家常搞不清楚，從一九五九年到一九六五年都有人主張。繼甘迺迪總統之後，詹森總統將越戰規模擴大到五十萬駐兵，最後在尼克森總統任內全數撤兵。越戰不僅是冷戰中的「一次熱戰」，而且是美國在二十世紀打最久、最慘的一場戰役，耗資千億美金、五萬八千多人死亡、數十萬人終身傷殘。在這塊終年日照的S型狹長土地上，隨著直升機起降的次數，無數枚美軍動章就這樣被頒發出去。

好萊塢電影裡的越共都是戴斗笠搖槳划船，據說他們可以在水中躲上好幾個小時。

自一九五四年法國撤出越南，日內瓦會議依北緯十七度線將越南分為南北兩邊之後，美國勢力就不斷伸進南越政府。

最有名的例子是發生在一九六三年十一月一日的西貢政變，南越總統吳廷琰（Ngo Dinh Diem，見96頁）遭到暗殺，有人認為幕後主導者其實是美國。一九六四年美國軍艦遭到北越攻擊，美國隨後展開報復，是爲著名的東京灣事件。一九六五年美軍在中越的峴港登陸，這是美軍在越戰中正式登陸的第一個港口。這段期間美軍一直處於上風，但礙於北緯十七度線的國際規定，又放不下大國身段乘勝追擊，往往失掉先機。

一九六八年農曆春節，越共趁著美軍與南越守備鬆懈之際，發動著名的「春節攻勢」（見250頁），雖然最後美國控制了局面，但萬里之外的美國本土已經透過第一次的電視轉播直擊了這場戰役，引發國內強烈的反戰聲浪，逼使美國開始思考退場機制。一九六九年，美國調整策略，決定將「越戰越南化」，傾向由越南人自己解決越戰。一九七三年，美國簽訂巴黎和平協約，美軍全部撤離越南。

一九七五年四月二十一日，南越總統阮文紹（Nguyen Van Thieu）發表辭職聲明後，隨卽帶著家眷與據說超過十六噸的黃金飛抵台北，展開流亡歲月。九天後，四月三十日，一輛北越坦克車象徵性地駛入南越總統府，當時上任還不到兩天的南越末代總統楊文明（Duong Van Minh）乖乖就降，西貢城內未發一彈一卒，越南正式統一，越戰終於結束。

屢攻不破的古芝地道

如果你到越南只能選擇一個地方旅遊，建議你去古芝地道（Cuchi Tunnels），不只因爲古巴總統卡斯楚、美國富翁洛克斐勒來過，更重要的是，越南人在這裡先後打敗了法國與美國兩大強國，古芝地道是他們最驕傲的游擊聖地與地下總部。

古芝地道位於胡志明市西北方七十公里處，早在一九四八年，越南人爲躲避法軍的攻擊就已開始挖鑿地道。初期使用鋤頭、鏟子、畚箕、竹簍等簡易工具開挖，經過二十年的努力，終於建造了這座地下村落與軍事總部。

有如蜘蛛網般綿密的地道總長超過兩百公里（足以讓我們從台北爬到嘉義），沿著西貢河興建，考慮了用水與脫逃等問題，西可達柬埔寨境內，南可延伸至西貢市，正所謂進可攻退可守。據說，其中一個地道出口就在當年美軍第二十五步兵團的隔壁。

越共幾次重大的攻擊行動都是在古芝地道內指揮發動的，他們利用古芝地道指揮西貢市內的間諜網絡，當年被越共滲透的吧女舞女，遠遠超過美軍的預估。

（左）一望無際的稻田底下，是古芝舉世聞名的地道系統，至今仍被越南軍方使用。
（右）園方會安排專人解說、欣賞紀錄片，然後才開始參觀。

（左）路旁不起眼的小土堆裡就藏著地道的氣孔與排煙管。在外面塗上辣椒、胡椒、洋蔥等辛香料，這樣美軍的軍犬就聞不出來。
（右）導遊正在介紹古芝人的游擊生活，他們在地道待久了，到了地面連車門怎麼開都不知道。有些重要幹部還是當年西貢法國中學的榮譽學生。

古芝人的戰時生活

古芝地道共分三層，最淺的三公尺深，最深的十公尺深，而且愈往下面空間愈小。

當年生活在古芝的越南解放陣線游擊隊員，白天喬裝成無辜的農民，晚上則利用地道進行突擊，令美軍防不勝防。他們用美軍的肥皂洗澡，這樣軍犬就聞不出他們的味道；他們的鞋印都是反向的，這樣美軍就找不到他們的藏身之處。

美軍曾在這裡進行一連串的地毯式轟炸，也曾多次利用毒性甚強的橙劑（Orange Agent，又稱落葉劑），企圖使樹葉枯死逼出越共，但全都無法摧毀或破解這套地道系統，反而導致當地婦女產下許多畸形兒，不僅得在地道內分娩，還得在地道內養小孩，更加凝聚了越南人同仇敵愾的堅定士氣。

我想所有參觀過古芝地道的遊客，都會對越南人在這麼艱困的生活下作戰感到不可思議。地道內

（上）當年美軍站在這裡，根本無法想像他們腳下的世界有多麼乾坤。地道入口寬僅六十公分，高僅八十公分，僅能容下身材瘦小的越共，壯碩的美軍一下去就卡住了。
（下左）地道內設有軍情室、手術室、餐廳、廚房、糧倉、休息室、會議室、彈藥庫等，可以同時容納好幾百人生活好幾天，而且絕對不會被地面上的美軍察覺。
（下右）美軍一不小心踏入陷阱，毒水、刺釘正等著，常得截肢。

的空氣相當稀薄，所以每個人都要學會人工呼吸，以便隨時互相急救。下雨時蚊蟲鼠蟻、蜘蛛蛇蠍統統現形，更多時候他們還得面對看不見的疫病。至於身受重傷的游擊隊員，只要狀況許可，旁邊的同志會將他的污血收集起來，簡單過濾後，再次輸進傷者的血管裡回收使用……越戰這一仗對越南人來說，贏得絕非僥倖。

越戰結束時，古芝八萬軍民存活的剩不到一半，全越南因越戰死亡約有四百萬人之多，還不包括無以計算的孤兒寡婦、畸形殘疾，以及上百萬的海上難民潮。

一九九五年七月，美越兩國在越戰結束之後正式建交，大家一笑泯恩仇，古芝地道順勢成爲越南最具特色的觀光景點。

目前開放給遊客爬的觀光地道都已經加高加寬了，不過短短幾十公尺的路，我

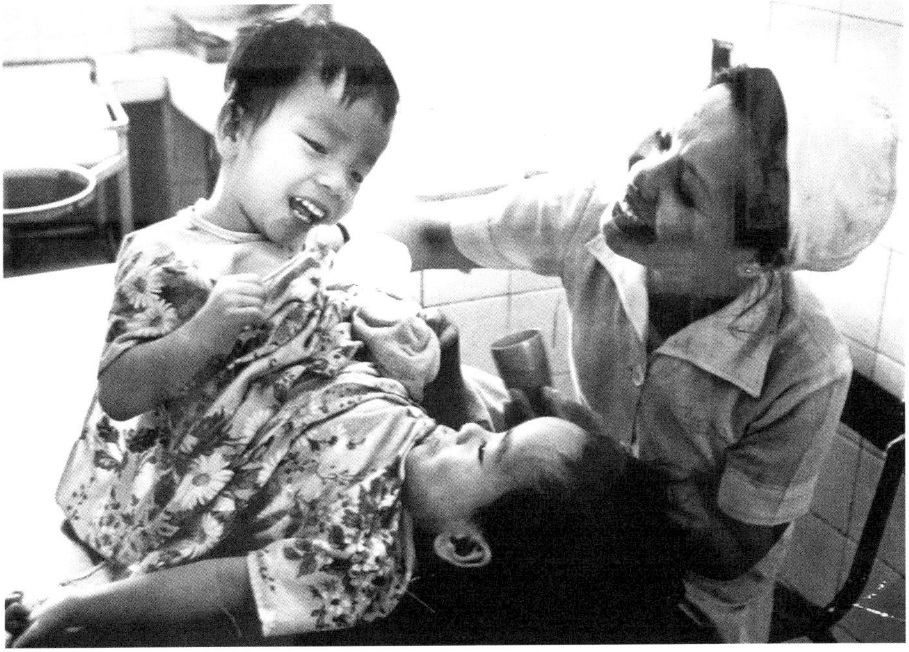

看到這張胡志明市戰爭證跡博物館的照片，我可是一點都笑不出來。

（上）一輛被越共擄獲的美製坦克車。
（下）越戰時期遺留下來的砲彈。（洪志明攝）

樹薯是古芝人的主食，沾花生粉還不錯吃。

爬起來卻非常吃力，空氣稀薄不說，水蛭螞蝗，潮溼霉味到處都有。古芝地道還附設觀光靶場，聽到槍響聲，讓人更有身歷其境的眞實感。

原先我以爲越南人在歷經越戰之後會很仇視美國人，但出乎意料的，我問過的越南人沒有一個憎恨美國人。一般說來北越人比較反美，但南越人則不會，因爲越戰並沒有眞正打到西貢市內，戰事只在西貢周遭延燒。而現在年輕一輩的越南青年，爲了就業努力學英文，越戰對他們來說似乎也沒有留下任何陰影。

●**胡志明市戰爭證跡博物館：**28 Vo Van Tan, District 3

完美間諜范春安

潛伏在《時代》雜誌的越共將軍

我剛去越南時，只要看到路邊有閒人或蹲或坐或抽菸，下意識都覺得他們可能是正在監視我的越共，沒辦法，誰叫越戰給人的印象那麼深呢。

台灣常舉辦春安專案、春安演習、春安工作，沒想到越南眞有叫「春安」的人，他是當年北越一萬四千名潛伏在南越的間諜中最完美的代表，不僅越南人推崇他，連後來得知他眞實身分的美國《時代》雜誌同事，許多人仍喜歡他、體諒他。當時就有人猜他是法國間諜、南越間諜、美國間諜，或蔣介石情報網的一員，但說來說去，就是沒人知道他其實是北越間諜。而他用春捲、生肉捲傳遞情報的手法，更從此讓我對這些越南傳統美食另眼相看。

愛國童年與熱血青年

范春安（Pham Xuan An，一九二七——二〇〇六）出生於越南南部同奈省，小時候住在西貢。曾祖父原是北越金匠，祖父是順化學校的校長，父親畢業於河內大學，後來到南方擔任土地勘察員的工作，走遍偏遠鄉鎮，對於法國人欺壓越南人深惡痛絕。

范春安小時候隨父親住過很多地方，之後被送回順化念書，因爲父親希望他了解富人與窮人之間的差異。二戰後期，范春安親眼目睹了日軍占領越南後虐待法國戰俘的手段，法國人固然可恨，但日軍的殘暴更提醒了他，自己的國家唯有自己作主，否則永遠都會被來來去去的外國人統治。

一九四五年二戰結束後，法國勢力重回越南，十八歲的范春安離開了芹苴（Can Tho）高中，決定投身軍旅，接受越共的戰鬥訓練。兩年後他回到西貢，一邊照顧生病的父親，一邊組織抗法抗美學運。

一九五二年，范春安在西貢關稅處爲法國人工作，北越上級單位暗地裡決定培養他成爲間諜，從河內派了兩個特務來教他基本的情報工作。剛開始時，范春安對這個安排很失望，覺得那只是鴿子做的事。隔年，他在黎德壽（Le Duc Tho，一九七三年榮獲諾貝爾和平獎，但因戰時拒領）主持下，於越南最南方的金甌省（Ca Mau）祕密加入了共產黨。

二○○五年胡志明市電視台製作的范春安紀錄片。

美國貴人蘭斯代爾與快樂的留美歲月

一九五四年法國人撤離越南，但南北仍然分裂，美國人緊接而來。范春安透過任職南越政府軍情主管的堂兄，認識了美國中情局上校蘭斯代爾。幽默風趣又博學的范春安，很快就贏得蘭斯代爾與其他美軍代表團的賞識。蘭斯代爾希望他能爲美方工作（中情局在越戰中，至少兩度希望他成爲美方情報員），范春安詢問北越上級意見，上級說這樣太危險，指示他去美國學習如何當一名記者，運用他的英文天分多了解敵國文化。

蘭斯代爾得知范春安有意赴美，安排他到加州橙郡海岸學院（Orange Coast College）就讀新聞系，越共這頭也暗中幫他籌措經費，他成爲唯一一位被送到美國的北越情報員。出國前夕，由於他的簽證必須經過南越當局的審理，因此他結識了南越情報頭子陳金宣（Tran Kim Tuyen），從此開啟兩人雖分屬不同陣營、但特殊而深厚的私人交情。

一九五七年秋天，三十歲的范春安抵達加州展開留學生活。成績優異的他，除了新聞學外，還選修歷史、政治、經濟、心理與社會學等，他也選修西班牙文，萬一身分曝光回不了越南，可逃到古巴或南美洲。范春安愛聽收音機裡的流行音樂，喜歡跳社交舞，熱中游泳與海灘宴會，跟人談論美式足球，參加國際學生俱樂部，擅長說笑話，周三與周日固定看拳擊與保齡球節目，也會下廚煮菜招待同學，有次還救了因感情問題吞藥自殺的舍監。他參與校刊編輯，曾向一位美國女孩告白，女孩婉拒後，他竟當起媒人撮合她與別人的

蘭斯代爾是范春安的貴人與老師，傳授他很多間諜技巧。蘭斯代爾於一九八七年過世，官拜少將，葬於阿靈頓國家公墓。

婚事。他也暗戀過另一位美國女孩，直到二〇〇一年兩人都七老八十了，還會互通 E-mail 回味年輕往事。范春安說，留美兩年，是他一生中最快樂的時光，他永遠懷念。

一九五九年畢業後，范春安拿到美國中情局的獎學金，到《沙加緬度蜂報》（*Sacramento Bee*）短期實習。之後他花了七天時間，一個人開著十二年的中古車，跨越美國十幾個州，從西岸到東岸的紐約聯合國實習。

當時，范春安大可待在美國，有好的工作、薪資、生活等著他，毋須理會風雨飄搖的故鄉，但弟弟用暗語寫信告訴他，很多同志被殺被捕，他的直屬長官也被抓走了，他站在金門大橋上很徬徨，不斷地思考未來，雖然上級並未指示他回國，最後他仍決定回到西貢。

長達十五年，白天發新聞，晚上寫情報

一九六〇年，三十三歲的范春安回到故鄉，重啟間諜生涯。他的代號是 X6，化名二徵（Hai Trung）或陳文重（Tran Van Trung），是古芝 H63 情報網中最孤獨的一員。白天為美國人工作，晚上偷偷地將情資彙報給北越當局。

他先到路透社、《紐約先驅論壇報》（*New York Herald Tribune*）、《基督教科學箴言報》（*The Christian Science Monitor*）工作，最後在《時代》雜誌西貢辦事處待了十年。從一九六五年到一九七五年間，他是《時代》雜誌唯一正式雇用的越南籍全職記者，他的名字被放在版權頁上，這是大部分

越籍雇員無法享有的殊榮。

范春安說，他靠記者身分來掩護自己，因此必須對記者工作非常內行，他也從來不敢虛晃一招隨便唬人，否則身分很容易被識破。他還說，好記者要靠腳，他設定每天至少要見四個人，無論是南越官員或美國軍方。他又說，記者和間諜這兩種職業都需要收集和分析資訊，但前者要把東西公諸於世，後者則像小貓掩蓋排泄物一樣，絕對保密。

正因爲范春安是難得一見、非常優秀的本土記者，美國人不僅主動提供他資訊，更希望得到他的觀點與分析，所以他根本毋須去竊取機密，從蘭斯代爾到後來成爲中情局局長的威廉·科比（William Colby）都是他的密友，他也常有機會進出軍事基地或接觸南越高層。范春安是當時所有外國記者或美軍官員的老師、活字典甚至百科全書，他總是希望他們能眞正了解越南的一切，文

（左）胡志明市五星級飯店Rex，越戰時是美軍對國際媒體每日彙報戰況的新聞中心，俗稱「五點鐘傻瓜會」（5 O'Clock Follies），因為美軍常對記者吹噓戰情。
（右）Givral咖啡館。范春安在這裡跟人高談闊論，收集情資，因此得到「Givral將軍」的封號。

化、歷史、民情，而不光只有戰爭。他說他從未提供錯誤或假的情資給美方，他提供給北越與美方的情報基本上是一致的，但他有本事用另一種方法引導美方走到有利於北越的位置而不致引起懷疑。他影響操縱了國際輿論對南越政府的看法，而他也一直祕密蒐集南越官員「誰可能貪污」與「誰已經貪污」的資訊。他是現代國際資訊戰的鼻祖。

成功男人背後的偉大女人

一九六二年，三十五歲的范春安與秋嫻（Thu Nhan）結婚，婚後半年他跟太太坦承他是北越間諜，太太完全認同傾力支持。「夫妻同心東海也被舀乾」這句越南諺語，就是他們的寫照。

范春安晚上經常靠著兩盞燈泡工作到天明，有時處理大量的膠卷，有時拿出一根湯匙，放點米粒與水在火上烤，然後用筆尖蘸糜水寫密信，字寫完就會消失不見。太太與家裡的那隻德國牧羊犬則幫他把風，一有風吹草動立即通知他。范春安不像其他北越特務會把情資藏在涼鞋或小孩玩具裡，他都藏在肥皂、春捲或生肉捲（一種用芭蕉葉包起來的食物）中。外出遞送情報時，太太必須遠遠地尾隨，萬一他被捕才能向取件的信使示警。當年負責傳遞情報的信使，四十五人中有二十七人被抓。范春安還跟妻子交代，他隨身攜帶著一顆自殺藥丸，一旦他被捕，不要去四處求人幫忙。

范春安對西洋占星術非常熱中，他是處女座，十二星座中唯一女性形象的星座，因此他認爲

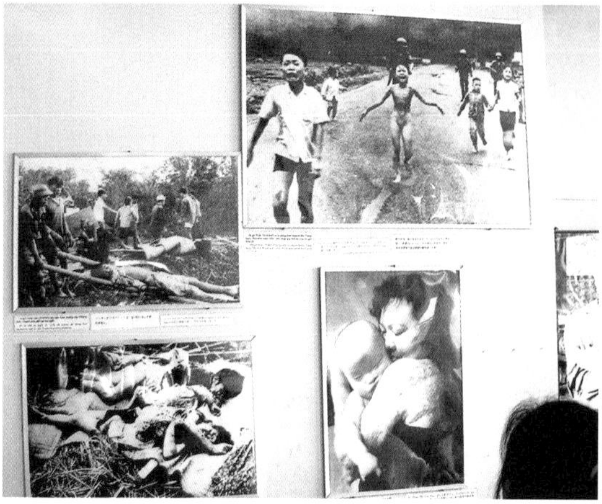

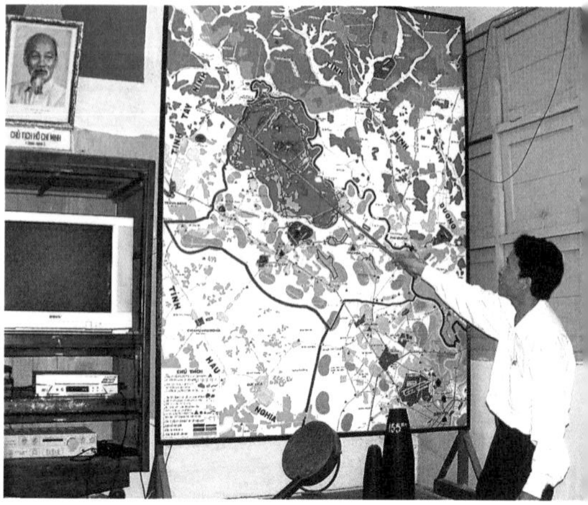

（左）越戰時一位九歲小女孩全身赤裸、被燒夷彈灼傷如上圖。下圖則是她長大後初為人母的照片，可以很清楚看到她背部一大片有如魚鱗般的傷痕。
（右）范春安也會到古芝地道，也許當年他曾像這位仁兄一樣，指著地圖跟同志們開會。

女性可爲他帶來好運，唯一跟他接頭的人也必須是女性。代號B3的阮氏巴（Nguyen Thi Ba）就是范春安親自挑選的人。阮氏巴比范春安大十二歲，是一個總是嚼著檳榔沒受什麼教育的婦人。在阮氏巴之前，范春安已經拒絕了九位上級安排的人。他們第一次見面時，彼此要報出一個數字，兩人數字加起來必須等於十，藉此確認身分。

阮氏巴常常扮成小販、賣菜、走街串巷的人，跟范春安約在寺廟、鳥店、菜市場碰頭，假裝討論米酒加蝙蝠血可以治肺結核的古老祕方來掩人耳目。他們兩人合作了整整十四年，堪稱最佳拍檔，平均每十天聯絡一次，視狀況緊急隨時調整。阮氏巴及後續的信使把密件送到古芝地道後，總部的人會撒上碘酒，讓所有隱形的字現形。范春安的情報不僅精確，還能驗證其他情報的眞偽，武元甲將軍（Vo Nguyen Giap，人稱越南拿破崙）就曾欣喜地說：「我們簡直就坐在美軍作戰指揮室裡。」

有一次，范春安聽到女兒跟兒子說，昨晚半夜看到爸爸用一種神奇的隱形墨水寫字，字會不見，他心頭一驚，原來昨晚太太已睡，狗因女兒是家人所以沒吠，他自己也沒察覺。范春安深怕小孩在學校隨口亂說，於是利用光線強弱的視差原理跟小孩解釋何以字會不見，從此女兒也沒再提起。

情報工作中不可或缺的閱讀與動物

大量閱讀讓范春安成爲第一流的情報員。他從法文書、英文書、越文書得到許多間諜工作的啟示，也從《孫子兵法》汲取古老的智慧，他邊做邊學，邊看邊想，最後發展出獨特的不敗風格。范春安不是那種行事低調、神出鬼沒、沒有家累的間諜，相反的，他從來都用熱情高調、呼朋引伴、上有高堂下有妻兒來掩飾眞實身分，他說情報員要能維持冷靜，同時也要結交很多朋友。

范春安很會用寵物來做掩護。他是西貢有名的馴狗師與鬥雞師，也愛蒐集各種珍稀鳥類，所以有時他出遠門一趟，

（左）胡志明市博物館的越戰照片。
（右）胡志明市戰爭證跡博物館的越戰照片。

大家都以爲他去買名鳥或名狗了，沒人懷疑他眞正的遠行目的。美國人愛養大型狗，他也非常懂得如何跟他們聊狗，例如哪種項圈或除蚤藥較好等。他也藉由這些動物時時提醒自己不要忘本，鳥象徵自由，魚象徵安靜，狗象徵忠誠。

范春安的綠雷諾車牌號碼是NBC253，數字加起來是十，越南人認爲十是很不吉利的數字，因此大家都不喜歡坐他的車，這也是一種很好的掩護法。

幫助敵人逃跑，見證解放到來

范春安最大與最直接的功勳是一九六三年的「北邑之戰」（Ap Bac）與一九六八年的「春節攻勢」，當然，許多重大的歷史事件背後都有他穿針引線的身影。一九七二年尼克森訪問中國後，很多中國特務也在越南境內活動，使得他的工作更加複雜困難，他得同時跟中、法、美、南越、北越情報網打交道，時時擔心身分曝光的問題。

隨著戰情吃緊，西貢淪陷的日子屈指可數。范春安回憶那段日子，氣溫飆到攝氏四十度，美軍電台反覆播放平．克勞斯貝唱的〈白色聖誕〉，所有外國人緊急撤離，他也讓太太與四個小孩隨著三十九位《時代》雜誌的同事飛往關島。他跟美國同事開玩笑說，路邊賣蚱蜢跟賣鳥的會好好照顧他，請大家不用擔心他的安危，他必須留在西貢，母親年事已高。也因爲自己的特殊身分，他擔心政權輪替時會出亂子，評估西貢最安全的地方就是法國大使館與法國人經營的大陸飯店，因此帶著母親住進大陸飯店四〇七號房，那裡曾是他美國同事的住所。

一九七五年四月三十日早上七點五十一分，范春安用盡他所有的管道，在最後一秒、千鈞一髮之際，協助南越情報頭子陳金宣搭上最末班的美軍直升機離去。總計約有十二萬的越南人隨著美軍撤到美國。

爲什麼要幫陳金宣？范春安說陳金宣雖然是敵方的情報頭子，但在越戰中幫了很多南越或北越的人，而且陳金宣是他的好友，他不忍看到他妻離子散的下場。後來陳金宣回憶，范春安一直都是他最信任的人，當時他眞的一點都看不出范是特務，一點蛛絲馬跡都沒有。

四小時後，中午十二點十分左右，北越坦克車駛入西貢，衝破南越總統府的鐵門，四十八歲的范春安就在現場親眼目睹這一刻，奮鬥了三十年的革命成果終於到來，越戰結束，國家統一。

夜晚的大陸飯店。想像四十年前范春安在大時代中的背影，他曾住過四〇七號房。

幾周後，西貢局勢穩定了，他回到《時代》雜誌辦公室，透過辦公室的電報與遠在美國的太太聯絡，互報平安。一九七五年五月，他替《時代》雜誌寫下最後一篇報導，隔年《時代》雜誌西貢辦事處正式關閉。

身分解密與晚年沉潛

一九七六年三月，范春安召回在美國維吉尼亞州的太太與四個小孩，妻小一路從華府飛巴黎飛莫斯科再飛河內，最後回到西貢。這個舉動太不尋常了，當時越南爆發海上難民潮，大家逃都來不及，怎麼會有人千山萬水地回去？美國人一直到這時才恍然大悟他的眞實身分。當年十二月，他生平第一次公開穿軍服，越南官方首次承認他，授予勳章，官拜少將。

好不容易國家統一了，范春安卻有很長一段時間在家無所事事，只好把精神放在鬥雞上。過去他跟美國人走得太近，上級單位覺得他的思想、作風、甚至說笑話的方式太資產階級，送他去再教育，要他接觸馬克思列寧等書籍，派人跟監、限制出國、不准他使用電話、禁止他與訪客會面等。當時越南鎖國，路上到處是乞丐，香菸是唯一的工業，范春安感嘆，我們趕跑了法國人、日本人、美國人，怎麼現在又來了俄國人？

有人說，范春安曾在一九八一年試圖帶著全家偷渡到新加坡，這件事雖然未被證實，但多少反映出老革命家對新政權的矛盾心情。很多人問他後不後悔，他說，我努力爭取來的國家也許跛

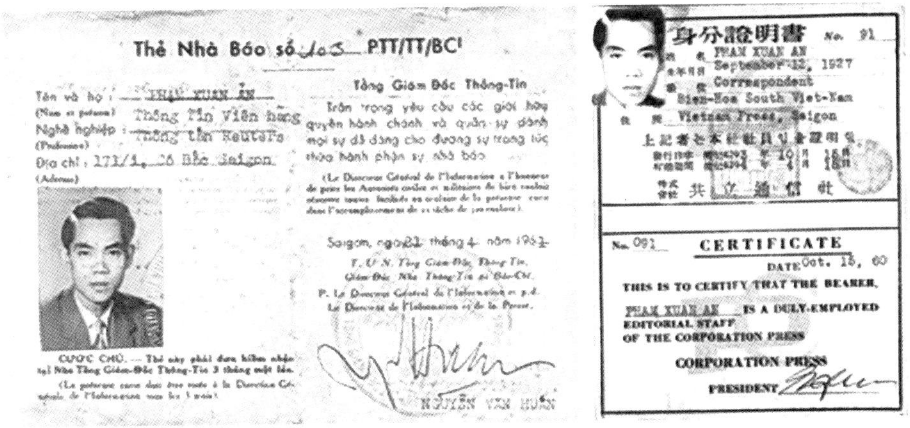
Thẻ Nhà Báo số 103 PTT/TT/BC

Tên và họ: PHẠM XUÂN ẨN
Nghề nghiệp: Thông Tin Viên hãng thông tấn Reuters
Địa chỉ: 171/1, Cô Bắc Saigon

Tổng Giám Đốc Thông-Tin
Trân trọng yêu cầu các giới hữu quyền hành chánh và quân sự dành mọi sự dễ dàng cho đương sự trong lúc thừa hành phận sự nhà báo

Saigon, ngày 21 tháng 4 năm 1961

NGUYỄN VĂN HUẤN

身分證明書 No. 91

PHAM XUAN AN
September 12, 1927
Correspondent
Bien-Hoa South Viet-Nam
Vietnam Press, Saigon

共立通信社

No. 091 CERTIFICATE
DATE Oct. 15, 60

THIS IS TO CERTIFY THAT THE BEARER,
PHAM XUAN AN IS A DULY-EMPLOYED
EDITORIAL STAFF
OF THE CORPORATION PRESS

CORPORATION PRESS
PRESIDENT

范春安當年的記者證，有日文、英文、越南文。

了，但總比死了好，越南人終究還是得自己管理自己。

令人稱羡的父子兩代美國情緣

一九八六年，越南改革開放（Doi Moi），政策鬆綁，范春安終於可與昔日的美國同事聯絡。很多他的美國同事或長官都成了大牌記者或普立茲獎得主，雖然少數人不能原諒他是「查理」（Charlie 是當年美軍對越共的稱呼），但大部分人依舊喜歡他。

范春安曾在一九七〇年冒著身分曝光的危險，出手搭救當時在柬埔寨被越共扣押的同事安遜（Robert Sam Anson），十七年後安遜才知道是范春安救了他，還親自飛到越南當面致謝。范春安的老長官麥克洛奇（Frank McCulloch）說：「他是我們的同事和王牌記者，我不會對他的間諜身分感到憤怒，他只不過爲自己的國家工作，換成是我，我也會那樣做。」普立茲獎得主哈伯斯坦（David Halberstam）也說：「那是一個勾心鬥角、煙霧和刀劍並列的時代，我不覺得他背叛了我們或背叛了新聞，他延續《沉靜的美國人》的基本思考：什麼是忠誠？什麼是愛國？什麼是眞相？他有他的難處，我覺得他處理得很好。」

一九八九年，范春安的長子范春煌安（Pham Xuan Hoang An）從莫斯科的大學畢業歸國，越戰結束已十多年，他希望兒子這一代能搭起美越之間的新橋樑。他說，美國人教他什麼是文明，什麼是人道，什麼是友善，什麼是獨立自主，何時該自在的大笑，如何幫助弱勢等，這些都非常值得越南人學習。他透過美國老同事促成兒子赴美留學一事，更大器的是，美國政府願意放下恩怨核發簽證給這位越共特務之子。在安遜與麥克洛奇的主導下，共有十五位老同事願意捐款，加上范春安自己的積蓄，湊足兩萬兩千美金（含機票、學費、書籍、食宿等），讓兒子前往北卡羅萊納大學教堂山分校攻讀新聞，如同他當年的主修。一九九九年，范春煌安再到杜克大學攻讀法律博士學位，目前任職越南外交部。

一九九〇年，范春安榮升上將。一九九五年，美越首次在戰後互設大使館。一九九七年，他以貴賓身分受邀參加紐約越戰新聞記者會，但越南政府不肯放行。二〇〇一年，美國發生九一一事件，得知消息後他無心歡度七十四歲生日，這位老特務似乎對美國情報系統始終不夠周延感到非常惋惜。二〇〇三年，越戰結束後第一艘駛入西貢港的美國海軍船艦特別邀請范春安登船見證，「我現在可以含笑九泉了」他用無限澎湃的心情說出這句話。

老兵不死，只是凋零

二〇〇六年九月，范春安因肺氣腫逝世於胡志明市軍醫院，享年七十九歲，這位從一九五五年開始嗜抽美國菸 Lucky Strike 的老諜，死前六個月還參與越南情報的審查評估工作。

越南政府安排了最高規格的治喪事宜，約有三百多個國際代表團參加他的喪禮。喪禮上陳列了一只馬克杯，上面繪有他在書桌前打字寫報告的樣子，是一九五九年橙郡海岸學院校刊社的同學一起送他的畢業禮物，也是他終其一生最珍愛的物品。兩個月後，美國總統小布希訪問越南，由范春煌安擔任貼身翻譯，翻譯時他幾度哽咽，強忍著內心激動，希望天上的爸爸能看到這一幕……。

范春安是少數能夠善終的王牌情報員，他的一生見證了美越兩國從友好決裂再到修復的完整過程，他打破了人們印象認知裡的越共形象，絕對有資格榮登二十世紀全球十大間諜排行榜。那樣的時代，總會留下幾個不凡身影。

范春安將人生最精華的歲月都奉獻給這片土地。

- **Givral咖啡廳**：169 Dong Khoi, District 1
- **Rex飯店**：141 Nguyen Hue, District 1
- **范春安故居**：214 Ly Chinh Thang, District 3

完美間諜范春安II

范春安現身我大使館爆炸現場，王昇將軍想吸收他爲台諜

中華民國前駐越大使館一九六七年曾遭到炸彈恐攻，造成一死三十傷。（© 中央社，記者何燕生攝。）

越戰時期所有外籍人士到西貢，一下飛機第一個指名要找的地頭蛇就是范春安，他是西貢城裡消息最靈通，英文最流利的越南記者，他向來都是風趣幽默、嘻嘻哈哈的人，自稱「性學大師」或「Givral將軍」（西貢知名咖啡廳），卽使當時沒人知道他眞實身分是越共。

范春安曾被人懷疑是台灣蔣介石情報網的一員，這個說法來自以色列裔的美國歷史學家Larry Berman著作《完美間諜：范春安不可思議的雙面人生》（*Perfect Spy：The Incredible Double Life of Pham Xuan An*），他訪談范春安時曾提到范春安跟台灣情報界

的「Francis Cau」關係密切，諸傳范春安背後甚至有來自蔣介石情報網的神祕金主！我試圖找出 Francis Cau 到底是誰，能夠被范春安親口點名的人應該不是泛泛之輩。

國際熱門的傳記研究與影視題材

國際上一直有人持續研究范春安完美的間諜手法，越南電視台還拍攝十多集關於范春安的紀錄片，除了范春安生前欽點的傳記作家 Larry Berman 之外，其餘較著名的還有美國學者 Thomas Bass、法國資深記者 Jean-Claude Pomonti、澳洲記者 Luke Hunt、新加坡首位戰地記者陳加昌等。越南人對自家英雄更是推崇，阮氏玉海（Nguyễn Thị Ngọc Hải）是第一位撰寫范春安故事的越南作家，作家黃海文（Hoàng Hải Vân）也投入「范春安學」的行列。

范春安過世前欽定的英文版自傳，作者是加州大學戴維斯分校政治學教授 Larry Berman。越南作家 Nguyen Thi Ngoc Hai、Hoang Hai Van、法國作家 Jean-Claude Pomonti、美國作家 Thomas A. Bass 等人，都曾出書介紹這位完美間諜。

近期有越來越多影視題材取自范春安的眞人眞事，讓范春安這三個字儼然成爲熱門的傳記研究與影視題材，包括越裔美籍作家阮越清榮獲普立茲獎的小說《同情者》（*The Sympathizer*），就是以范春安爲主角原型，本書被好萊塢明星小勞勃道尼搬上 HBO 電視影集。另一位越裔美籍導演 Charlie Nguyễn 更宣布要把范春安的故事拍成電影，原著劇本便是以 Larry Berman 的著作加以改編，期望這部片子可以從和解的角度出發，日後能進軍奧斯卡獎或坎城電影節。

一九六七年我駐越大使館遭到恐攻登上國際新聞頭版

看到以上這些消息，我一方面感到雀躍，一方面思緒也被擾動，范春安一生精彩程度堪稱國際級史詩水準，他跟台灣人也有所往來，我能不能從台灣的角度重新挖掘范春安更多不爲人知的故事？台灣早在一九六〇年就參與越戰，當年北投復興崗政戰學校校長王昇率領「奎山軍官團」，赴越擔任軍事顧問並進行援越工作，往後的台灣甚至因越戰從美方那裏得到不少好處。既然范春安當年是態度最親切、人脈最廣通、精通英法語的越南記者，沒有道理他情蒐範圍與往來對象不包含中華民國駐越南大使館啊，對了！那位神秘的 Francis Cau 應該就是我們大使館的人，我這樣猜想。

於是我往這個方向去找線索，猜測雙方最有可能浮上檯面的交集應落在一九六七年我駐越南大使館遭遇恐攻的爆炸事件，當時這起爆炸案登上全球國際新聞頭版頭條。一九六七年九月十九日星期二早上十點四十分左右，在車水馬龍、熙來攘往的西貢巴斯德路四十七號（47

手機掃一下

一九六七年我駐越大使館爆炸系列照片

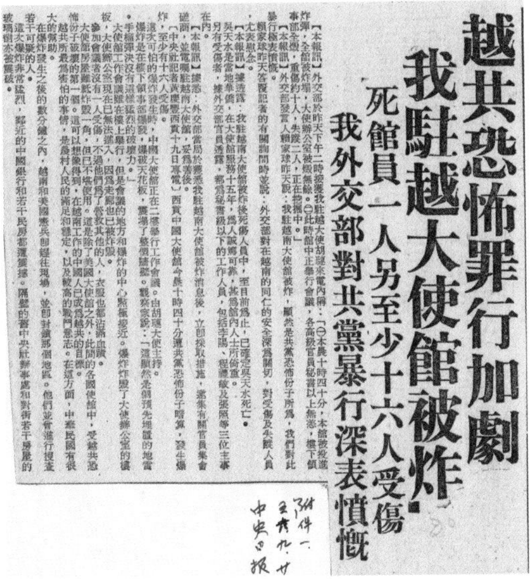
越共恐怖罪行加劇
我駐越大使館被炸
死館員一人另至少十六人受傷
我外交部對共黨暴行深表憤慨

【本報訊】外交部於昨天下午二時接獲我駐越大使胡璉來電內稱：「㈠本晨十時四十分，本館被投進炸彈，全館被炸塌，大使辦公室被毀無餘。㈡此時館中正舉行會議，各高級官員秘書以上無恙，樓下領事部全毀，重傷約十人，失蹤二人，正在搜掘中。」

【本報訊】外交部發言人賴家球昨天說：我駐越南大使館被炸，顯然是共黨恐怖份子所為，我們對此暴行極表憤慨。

賴家球昨天答覆記者的有關詢問時並說：外交部對在越南的同仁的安全深為關切，對受傷及失蹤人員，尤表懸念。

【本報訊】據透露：我駐越南大使館被炸後死傷人員中，至目前為止，已確定吳天水死亡。吳天水是當地華僑，在大使館服務十五年，為人誠篤可靠，甚為館內人士所倚重。另有受傷者，據外交部官員透露，都為秘書級以下的工作人員，包括李陽、程禮敏及張照等三位主事在內。

【本報訊】據悉：外交部當局於獲悉我駐越南大使館被炸消息後，立即採取措施，邀集有關官員集會商，並電囑駐越南大使館，妥為善後。

【中央社記者黃慶豐西貢十九日專電】西貢中國大使館今晨十時四十分遭共黨恐怖份子暗算，發生爆炸，至少有十六人受傷。

這次可怕的爆炸發生時，中國大使館正在二樓舉行工作會議。由胡璉大使主持。爆炸是在樓下領事部爆發，爆破天花板，震塌了整個牆壁。觀察家說：「這顯然是個預先埋置的地雷手榴彈決沒有這樣猛烈的破壞力。」

大使館工作會議雖在樓上舉行，但是會議的地方和爆炸的中心點極接近。爆炸炸毀了大使辦公室的樓板，大使辦公室現在已無法進入，因為走廊也已被炸毀。

參加會議者沒有一人受傷，不過他們為了營救其他的人，衣服也都沾滿血跡。

大使館房屋雖祇炸毀一角，但已不堪使用。這是除了美國大使館之外，此間的各國使館中，受越共恐怖份子破壞的第一個。這可以想像得到，在越南工作的中國人已成為越共的目標。越共所最為害怕的事情，是鄉村人民的滿足和穩定，以及較高的戰鬥意志。在這方面，中華民國有很大的幫助。

在爆炸發生之後的數分鐘之內，越南和美國憲兵即趕往現場，並即封鎖那個地區。他們並曾進行搜查若干可疑的人。

這次爆炸非常猛烈，鄰近的中國銀行和若干民房都遭震撼。隔壁的香港中央社辦事處和對街若干房屋的玻璃窗亦被震破。

附件一
中央日報

《中央日報》報導中華民國大使館在越南爆炸的剪報資料。（©國史館）

Pasteur Street）我駐越南大使館所在地，突然一聲轟天巨響，瞬間大使館右半部一、二樓建築全毀，二樓大使辦公室整個被炸到裸露塌陷。當時西貢市區不大，幾乎所有外籍記者都在十分鐘內趕到現場採訪，這是繼一九六五年西貢美國大使館遭到炸彈攻擊後另一重大恐攻事件，美軍與南越軍警立刻趕來協助救災與調查。

所幸當時人在二樓開會的胡璉大使，受到驚嚇但毫髮無傷幸運逃過一劫，但爆炸威力強大造成我方大使館一名華僑雇員死亡，其餘三十名館員受到輕重不等的外傷，現場磚石散落，血跡斑斑，空洞的建築彷彿鏤空的剖面圖。圍觀群眾把附近街道擠得水洩不通，這棟建物是二戰後我們從一位印度布商手中買下來當作大使館建築，之前才剛整修過，如今炸到灰飛煙滅，如廢墟般傾圮。

這個爆炸案立刻登上國際各大媒體，《紐約時報》、《美聯社》、《路透社》、《刀鋒報》等均以頭版大肆報導，《新加坡南洋商報》更是生動描述了爆炸發生時的狀況，關於這段大使館被炸歷史，可參考軍武專家高智陽《被遺忘的越戰創傷——一九六七年台灣西貢使館被炸始末》一文。

范春安揹著相機出現在爆炸案現場

我相信這麼重大的事件，范春安一定會趕到現場採訪，畢竟他是深受美國《時代雜誌》器重的越南本土記者。於是我上網瀏覽爆炸案系列照片，希望從荷蘭攝影師 Co Rentmeester 拍攝的上百張照片中，找出一點蛛絲馬跡。果然在兩張照片的背景裡，發現范春安的身影，我從他分邊的髮型、耳朵的形狀、專業的相機，研判是他沒錯。

精通攝影的范春安揹著高級相機（他的攝影技術是美國CIA親自教的），站在大使館門前一棵掛著禁止通行標誌的樹下，頭髮梳得整齊，身材清瘦，穿著白色長袖襯衫，西褲筆挺，繫著皮帶，腳交叉站著，保持一點距離感觀望著現場，身影宛如美國大學新鮮人帶著好奇心準備參加兄弟會一般無辜純潔。他在現場拍了什麼？他是否參與策畫這場爆炸案？他拍的相片膠卷是否會藏在春捲或生肉捲放在墳墓或鳥巢裡等待信使取件送到古芝地道交給上級長官？他是否會用澱粉做的隱形墨水寫下這次爆炸案經過？他在現場是否遇到了 Francis Cau ？我對范春安的現身感到非常有蹊蹺。

手機掃一下

范春安出現在爆炸案現場身影

我不是越戰專家或歷史學者，接下來只能根據目前找到的資料，試著推理范春安與這件事情的關係。根據軍武專家高智陽的文章指出，我駐越南大使館爆炸後西貢警方馬上抓到兩男一女，認爲他們是炸毀我大使館的兇手，分別是蘇孝章、馬利青、羅森等青年。蘇孝章隸屬於「越南南方民族解放陣線」簡稱「南解」這個組織，也就是俗稱的越共。但我覺得兇手也可能同時隸屬於堤岸（Chợ Lớn，今胡志明市第五郡）的「華人工運幹事處」簡稱「華運」這個組織，華運創立於一九五九年，由親共的越南華人組成，專門從事放話警告以及暗殺親美政權的華人，達到以華制華的效果。

范春安與台灣國安局代表高潔

我們大使館爲何成爲越共攻擊目標？根據郭乃日《失落的台灣軍事秘密檔案》一書指出，越共之所以炸毀我大使館，主要是報復我方暗中幫助美軍監聽北越，我方之所以幫助美軍監聽北越，其實眞正目的是想藉機監聽中國南方飛機起降活動，因爲蔣介石打算從越南反攻大陸，不過美軍很早就看出蔣的企圖，總之越戰背後各有各的算盤，狀況極其複雜。感謝郭乃日！我終於找到 Francis Cau 的中文名字就是高潔，書中是這樣寫的：

「我駐越人員除了胡璉被列為越共暗殺對象外，當時國安局駐越代表高潔也因身份曝露，被

與范春安認識的高潔（右二）。（©國史館）

列為越共暗殺名單之一。國安局駐越代表負責督導情報局和國民黨大陸工作會在越活動，主要任務是發展電訊情報、監聽北越飛機通訊，尤其是中共飛機活動情形，所以國安局在南越的監聽站，設在靠近南北越邊境的順化。雖說只是監聽，但一次因順化監聽站成員一時大意，竟自己上街買菜，引起越共份子注意，結果使得監聽站遭越共突擊，損失慘重，後來這個監聽站就搬到峴港。」

根據國史館資料顯示，高潔派駐越南的時間從一九六〇年至一九六八年左右，擔任中華民國駐越督導組長，他的工作主要是監控西貢堤岸親共的華人份子，並向蔣經國提供越南局勢報告與輿情分析。高潔本人法文造詣極佳，他的報告屢次出現中、法文雙語，他本人也擔任兩國高層會面時的翻譯，而范春安出生於法國人殖民越南的法屬印度支那時代，十八歲之前都接受法文教育，因此我推測兩人見面交談應該都使用法語。

無論在越文版或英文版書中，雖然描寫高潔的部分只有短短幾句話著墨不多，但字裡行間我感覺范春安視高潔為一號人物且有私人交情，能被他特別點名做記號的人絕非等閒之輩，換言之我方軍情人員是有相當程度能力。范春安在各方勢力交纏拉扯的複雜狀況下，能發展出自己獨特的無間道情誼，這是他最厲害也最奧義的地方。

王昇將軍想吸收范春安為台諜

越南作家黃海文在《解碼范春安》（*Giải mã Phạm Xuân Ẩn*）一書提到，高潔當時負責西貢與東南亞的情報工作，他希望范春安為中華民國提供情報，還向他介紹從美國來的王昇，但范春安沒有接受這項工作，並把這件事回報給北越，而在越文裡王昇的拼音是「Wang Tchen」。

我後來查資料發現王昇一九六八年春夏時節確實訪美。根據國史館資料顯示，當年十一月二十八日國防部總政戰部執行官王昇中將偕同高潔，奉蔣介石與蔣經國命令，一早乘坐七點三十分華航飛機，經過六個多小時飛行於下午一點四十五分抵達西貢，入住帆船飯店（Caravelle Hotel）。接下來十天九夜的行程，他們與阮文紹總統（Nguyễn Văn Thiệu，一九二三—二〇〇一）進行了兩次正式會面。王昇對越南非常熟悉，「奎山軍官團」就是他一九六〇年在西貢成立的。

我瀏覽他們的行程，發現其中有三天都沒有安排活動，特別是十二月六日那天只記載著短短五個字：向越方辭行。字少讓我更覺蹊蹺，會不會就是這天，高潔安排王昇中將與《時代雜誌》西貢分社記者范春安會面？說穿了其實就是爲了招募范春安而進行面試，見面地點會選在帆船飯店對面的 Givral 咖啡廳？而范春安第一眼見到王昇心裡的 O S 是什麼？光想像這些過程，就很有諜報片驚險刺激的畫面感。

二〇〇五年我第一次踏進藍色招牌 Givral Cafe 時，只覺得擺放蛋糕甜點的玻璃櫥窗頗爲老氣，完全不知這間店在越戰扮演極爲精彩的角色。一九六〇—七〇年代范春安每天下午固定在這間咖啡廳出沒，他往來的都是美國人、英國人、法國人，也包含台灣駐越軍事代表團與大使館人員等。可惜這棟建築現已拆除重建，現爲胡志明市第一郡高級購物中心 Eden Center。

這件事情說明范春安跟台灣軍情單位有過密切往來，也應證范春安戰後對所有採訪他的國際記者說的一樣，他根本無需去偸情報，因爲人們都會主動提供情報給他，最終希望能換取他的分析觀點，從美國 C I A 蘭斯代爾將軍（Edward Lansdale）、中情局局長威廉科比（William Colby），到台灣的王昇將軍，通通都是。

最後，范春安到底有無涉入我駐越大使館一九六七年爆炸案？我的看法是，直接沒有，間接可能。一般情理判斷，特務之間就算同屬一個陣營也不知對方是敵是友，這樣才能達到萬一出事不會牽連彼此，范春安長期潛伏在《路透社》與《時代雜誌》等國際媒體，一直是越共英文組的超級王牌，他跨足中文組的運作可能性不高，也會暴露自身風險。但范春安非常有可能從美方甚至我方這裡得知順化有個秘密監聽站，他把訊息傳到古芝地道，再從古芝將情報傳到北越，導致北

一九六〇—七〇年代范春安每天下午固定在一樓藍色的Givral咖啡廳出沒，他往來的都是美國人、英國人、法國人，也包含台灣駐越軍事代表團與大使館人員等。

越決定對我大使館採取報復恐攻手段，應該不是我方監聽人員因上街買菜導致穿著、口音、舉止曝露身分這麼簡單的原因招致越共報復而已。因此一九六七年我方大使館爆炸，剛過完四十歲生日的范春安揹著相機出現在爆炸案現場，那一刻他內心應該明鏡似的，泛起一圈圈只有他自己才明瞭的漣漪吧！

越南美人誌

末代皇后南芳與第一夫人陳麗春

近百年來越南出了兩位名女人，她們彼此爲舅媽與外甥女的關係，一個嫻淑一個強勢，一個早逝一個長壽，留給世人的評價也各有不同。

事實上，這兩位名女人的共同點很多：都曾活躍國際舞台，都來自非常富裕的家庭，法語都說得比越語好，都因篤信天主教而引發爭議，也都生了四個以上的小孩，晚年都住在國外。當然，最重要也最吸引我的是，她們都長得很美。

想想我三輩子也拼湊不出這種人生，所以還是認命一點來介紹她們的故事吧。

末代皇后阮友氏蘭

阮友氏蘭（Nguyen Huu Thi Lan，一九一四——一九六三）是越南末代皇帝保大（Bao Dai）的第一任正妻。阮友氏蘭的父親出身天主教家庭，據說擁有華人血統，曾擔任當時越南首富黎發達（Le Phat Dat）的祕書，最後與黎發達的女兒結婚。一九一四年，阮友氏蘭出生於前江省鵝貢市，十二歲時被送到巴黎讀書，進入當地一所著名的天主教寄宿學校 Convent des Oiseaux，後來歸化法國籍。

（左）西式裝扮的南芳皇后與保大皇帝。
（右）結婚大典的南芳皇后，即使鳳冠霞披也顯得清麗脫俗。

長大後的阮友氏蘭回到越南後，在山城大勒（見175頁）的舞會上邂逅了同樣剛從巴黎回國的保大皇帝。保大對這位喜愛運動與音樂的美女一見鍾情，認爲出身平民的阮友氏蘭結合了西方的優雅和東方的魅力，當時的她甚至還有「法屬印度支那第一美女」之稱，而她的身高比當時一般越南女性來得高䠷。

一九三四年，二十一歲的保大於皇城順化正式迎娶二十歲的阮友氏蘭，卻在當時引發了很大的爭議。其一，越南皇室不能接受天主教信仰的皇后，保大仍堅持與她完婚。其二，婚後第四天，保大就賜予她「皇后」頭銜，徽號南芳，意爲南部的芳香，以致謝她的出生地，這在過去是不可能的事，因爲阮朝皇帝在位時，正妻只能封爲妃嬪，得等皇帝過世後才能追封爲皇后，但保大爲了阮友氏蘭，不惜打破多年來的慣例，並准許她穿著只有皇帝才能穿的黃色服飾。

一九三六年，南芳皇后產下第一位皇子，舉國歡騰。婚後的她除了生兒育女，也參與國際社交與慈善活動，她的天主教背景對拓展外交工作其實有很大的幫助，當時她接待過的貴賓中，包含了蔣介石與柬埔寨施亞努國王。

南芳皇后的稱職表現提升了越南女權地位，她還要求教育單位重視小學課程裡的女性議題。

一九三九年，二十五歲的南芳皇后首次正式出訪歐洲，掀起一陣旋風。她拜謁教宗庇護十二世時，媒體是這樣報導的：「這位來自印度支那的訪問者沒有穿著傳統的黑色長袖長袍和面紗，而是身穿繡著龍的金色外衣、紅色圍巾、金色帽子和銀色褲子。」

保大皇帝與庾澄慶的爸爸

一九四〇年二次大戰期間，日本趁法國本土被德軍占領、無暇顧及殖民地時，趁機出兵占領越南。但日本對越南皇室相當禮遇，並未多加騷擾。

一九四五年八月日本戰敗，北越領導人胡志明要求

（左）南芳皇后訪問歐洲時的穿著，當時明顯豐腴，應是懷有身孕。（右）曾有外國記者形容南芳皇后的側面輪廓如同寶塔。

郵票上的南芳皇后。

保大皇帝正式退位，保大退位後在新政府擔任顧問，南芳皇后則成爲越南紅十字會的重要成員，她還響應胡志明發起的「黃金周運動」（花大錢請中國軍隊撤出北越的活動），捐出自己的黃金首飾，因此被贈予紅旗金星徽章。

一九四六年，保大趁著出訪中國的機會前往雲南找庾家麟敘舊，還在庾家的昆明大宅邸裡住了一段時間。庾家麟是何方神聖？正是庾澄慶的父親，早年在法國接受中學與大學教育，與保大是同班同學。

保大皇帝一家人移居香港淺水灣後，有次還寫了張字條，托庾家麟交給銀行經理。銀行經理一看到字條，馬上親自出來迎接。原來法國長期以來都在支應保大皇帝所有的海外開銷，希望用這種方式扶植保大成爲傀儡，但保大皇帝始終無心政治。

二戰後，法國勢力重回越南，南芳皇后曾寫信要求法國當局放過越南，請法國人念在過去越南曾是法蘭西聯邦一員，不要再讓越南陷於血腥、動盪、苦難、戰爭，無奈皇后的呼求，終究敵不過國際政治的現實。

低調早逝的晚年

一九四七年，三十三歲的南芳皇后與她的五名子女移居法國坎城，那裡有她外公在二十世紀初購買的產業，從此再也沒有回到越南。

一九五五年後她與保大的緣分已日漸淡薄。保大皇帝一生風流，第二任正妻是法國女子，此外還有三位妃子與數名情婦。後來南芳皇后搬到法國科雷茲省（Correze）一個被森林包圍的小村莊裡，保大曾探望過她幾次。

一九六三年，南芳皇后因心臟病發在家逝世。這位越南末代皇后的喪禮，除了她的子女以及兩位當地的法國官員出席外，並沒有造成太大的轟動，連保大皇帝也沒有參加。她的墓碑用漢字與法文題字，葬在當地的公墓，享年四十九歲。

前第一夫人陳麗春

前南越總統吳廷琰終身未婚，因此一九五五到一九六三年的第一夫人職位，是由他弟弟的太太陳麗春（Tran Le Xuan，一九二四—二〇一一）擔任的。

陳麗春出生於河內一個具有皇室血統的富裕家庭，父親曾留學法國攻讀法律，母親則是保大皇帝的堂姊。

南芳皇后的外公在一九〇二年創建的玄士教堂（Huyen Sy Church），我每次看到粉紅色的天際線，就想起她的紅顏。

（左）約三十幾歲的陳麗春。（圖片來源：Wikimedia Commons）
（右）陳麗春與美國總統詹森。

陳麗春從小接受法文教育，在家都講法文，雖然會講越南話卻不會寫，少女時代喜愛芭蕾與鋼琴，在河內讀中學時成績平平，後來輟學。

一九四三年，十九歲的陳麗春與三十三歲的吳廷儒（Ngo Dinh Nhu）結婚，老少配整整相差了十四歲。婚後的陳麗春放棄原本的佛教信仰，改信吳家的天主教，兩人育有四名子女。

吳廷儒畢業於法國國立文獻學校（Ecole Nationale des Chartes），二次大戰爆發後從法國返回越南，在河內國家圖書館工作。

一九五四年法國撤離越南，隔年南越舉行首次總統大選，崇拜希特勒的吳廷儒不僅幫助三哥吳廷琰籌措選舉經費，動用祕密警察進行監控，更在幕後大肆作票，最後終於讓吳廷琰以百分九十八的高得票率贏過保大皇帝，成爲越南共和國（俗稱南越）首任總統。

一門特權，獨尊天主教

一九五五年吳廷琰上台，人稱儒夫人（Madame Nhu）的陳麗春也開始擔任第一夫人的角色，她按照天主教教義進行社會改革，離婚、墮胎、通姦、避孕、選美、拳擊、鬥雞等都成爲非法活動，並關閉妓院、舞廳和鴉片館。

然而，這些作風並沒有提高她的聲譽，她與吳氏家族貪污舞弊不斷，她的家人在政府擔任高官也招致輿論不滿。陳麗春的父親是駐美大使，母親擔任派駐聯合國的觀察員，叔舅任內閣大臣，弟弟還曾向當時的企業界訛詐了不少錢。

一九六二年，兩名南越空軍駕駛軍機轟炸總統府，企圖推翻當時的吳廷琰總統，導致原始的法屬建築嚴重受損。吳廷琰、吳廷儒、陳麗春逃過一劫後，聘請建築師吳曰樹（Ngo Viet Thu）重新改建，根據中國風水的觀念，將建築物的正面設計成「興」字，從空中鳥瞰

（左）占地廣闊、綠蔭濃密的前南越總統府。
（右）興字型的前南越總統府，當年陳麗春就住在這裡。南北越統一後這裡稱為統一宮或獨立宮。

時它變成「吉」字，希望藉此祈求國運昌隆。

重建後的南越總統府共有四層樓一百個房間，每間房都配有當時先進的電子通訊設備，牆壁天花板可耐砲擊，屋頂有專屬的直升機坪，廚房使用全套日本進口廚具，地下室有軍情中心以及綿密的地道系統……。可惜一九六六年重建完成時，吳氏兄弟與陳麗春再也沒有機會入住。

當年釋廣德前往自焚時所乘坐的汽車。至今胡志明市還有一條釋廣德路，紀念這位捨身殉道的高僧。

釋廣德自焚事件

吳廷琰家族早從十七世紀就皈依天主教，做爲一名資深的天主教徒，吳廷琰無論在公共設施、土地稅收、商業利益、軍人晉升等政策上，明顯偏坦人數較少的天主教徒，導致人數眾多的佛教徒不滿。

一九六三年六月十一日早上，爲了抗議吳廷琰的排佛政策，六十六歲的老和尚釋廣德（Thich Quang Duc）在西貢街頭當眾自焚，震驚國際。

當時到現場進行採訪的《紐約時報》記者哈伯斯坦（David Halberstam）寫道：「我應該再看一次這個場景，但一次就夠了。一個活人的身體噴射著火焰，他的皮膚慢慢發泡並且起皺，他的頭被燒黑並慢慢炭化。空氣中瀰漫著人肉燃燒的氣味，我從未想過人的身體是如此易燃。在我身後，我聽到越南民衆開始聚集並小聲地哭泣。我本人被震驚到連哭都哭不出來，連採訪和筆記都無法做，腦中一片混亂……。在燃燒的過程中，他沒有抽動過一塊肌肉，沒有發出一點喊叫，他本人出奇地鎮靜，和他周圍哀號的民衆形成了鮮明的對比。」

美國總統甘迺迪得知此事後激動地說，「沒有另外一幅相片可以令全世界如此激動！」還有人形容：「在千年前基督徒被羅馬帝國迫害而壯烈犧牲後，從沒見過這麼嚴重的殉教事件！」

三十九歲守寡的後半生

當世人都對自焚事件無比震驚時，陳麗春與吳廷儒卻開玩笑地說，「讓他們烤去，我們來拍手叫好就是」，「如果佛教徒想要另一次燒烤，我倒是很樂意提供汽油」。這些言論導致陳麗春在國際上有了「龍夫人」（Dragon Lady）的稱號。

美方眼見情勢發展不利，警告吳廷琰如果不撤換他的弟弟吳廷儒，美國將「不會干預」未來可能發生的政變。

爲了安撫美國，一九六三年十月吳廷琰派陳麗春去美國進行遊說，但陳麗春言詞適得其反，埋下了一個月後她成爲寡婦的命運。那年的她，三十九歲。

一九六三年十一月一日，南越將軍楊文明發動政變，吳廷琰、吳廷儒連夜透過總統府的地下祕道逃到堤岸的方濟各天主堂中。次日清晨，吳氏兄弟行蹤暴露，遭到楊文明部下近距離開槍射殺，結束了吳氏家族九年來的高壓統治。

當吳廷琰和吳廷儒倒臥在血泊時，陳麗春還在美國訪問，逃過一劫。事發不久後的十一月二十二日，甘迺迪總統遇刺身亡，因爲時間與動機的巧合，有人懷疑陳麗春可能跟甘迺迪案有關。「現在你知道是什麼感覺了」，這是她曾經嗆賈桂琳的話。

先生遇刺後，陳麗春偕同四名子女從美國前往義大利，投靠在羅馬當神父的二伯吳廷俶（Ngo

由華人神父譚公蘇創建的方濟各天主堂，是前南越總統吳廷琰與弟弟吳廷儒最後躲藏之處。

鵝黃色的方濟各天主堂，據說當年吳廷琰兄弟二人躲藏至此時就睡在教堂的地板上。

Dinh Thuc）。她曾在一九六四年試圖重返南越，但遭到拒絕。

一九六八年，陳麗春二十三歲的大女兒因車禍意外死亡。一九七一年，她在羅馬遭劫，價值超過十三萬美金的珠寶不翼而飛。一九八六年，陳麗春雙親被她的弟弟勒死在美國華府的家中。一九九〇年她與兒女移居巴黎，名下擁有兩間公寓，一戶自住，一戶出租以維持生活開銷，據說購置這兩間公寓的資金來自一位羅馬匿名伯爵貴婦。晚年的陳麗春，對當年釋廣德自焚案與佛教徒表示深深道歉。

二〇一一年，陳麗春病逝於義大利羅馬醫院，享壽八十七歲。

- **玄士教堂**：1 Ton That Tung, District 1
- **統一宮（獨立宮）**：133 Nam Ky Khoi Nghia, District 1
- **方濟各天主堂**：25 Hoc Lac, District 5

胡志明市建築

第一大城的七種混血文化

歷經高棉、印度、中國、阮朝、穆斯林、法國、美國，今日越南第一大城胡志明市，其實是一個種族、宗教與文化交會的三叉路口。除了前面提過的法式建築與中國文化的影響，在胡志明市還可看到粗獷主義建築、九〇年代以後當道的蛋糕風格、飄著五色旗的高棉塔、奇幻豔麗的印度廟，以及狀似洋蔥的清眞寺，幾乎各教神佛統統進駐，這是你在台北或台灣很難看到的。

雖然，胡志明市每天上演競技場般的交通事故，小三度不協和音程的喇叭噪音此起彼落，還有路邊七橫八豎的電線桿與一坨一坨糾纏的電纜，但這就是胡志明市的文化底蘊，也是它最特殊的俗豔美學。

（左）胡志明市受到印度文化影響，建築用色與表達方式皆有寶萊塢的味道。
（右）除了法式，胡志明市還有許多建築風格，讓人難以想像兩百年前，這裡是一片爬著鱷魚與蠑螈的沼澤地。（林頌恩攝）

位在市立劇院後方的電力公司即為粗獷主義。

胡志明市的歷史

胡志明市最早可追溯到古高棉王國，高棉文叫普利安哥（Prey Nokor），意思是指叢林。西元二世紀時受到印度文化的影響，來自北方的中國文化也逐漸入侵。十七世紀開始，越南中北部的京族人（Kinh）爲躲避內戰，紛紛遷徙來此開發。一七九〇年，阮朝嘉隆皇帝在這塊沼澤區建造了一座軍事堡壘，開始有了初步的都市計畫。

一八六二年法國人興建西貢港，把市區分爲行政、商業、住宅、工業等部分，奠定了西貢日後成爲越南第一大城的基礎。一九五四年法國政府將政權移交給南越政府後，西貢成爲南越共和國首都。南北越分裂時期，西貢素以爾虞我詐、間諜活動、街頭槍響聞名。

一九七五年越南統一，西貢改名爲胡志明市，但它的國際機場代號仍叫ＳＧＮ（Saigon），許多老一輩的當地人與西方人也仍舊使用舊名。

粗獷主義建築

除了法式建築以外，目前胡志明市一些大型建築都是一九五〇到一九七〇年代留下來的。當時全世界吹起一股粗獷主義（Brutalism）建築風潮，當年的西貢拜美軍駐紮所賜，國際化的程度遠在台灣、南韓之上。

所謂的粗獷主義，是指用水泥原色重複一些簡單的幾何圖案，表現出鋼筋混凝土巨大、粗獷、耐久等特質。從外觀上來看，這類型建築給人的感覺通常是功能性大過裝飾性，且常常伴隨著好幾條粗厚的水泥遮陽板，現在第一郡的科學圖書館、統一宮，以及第五郡的醫學院，都是粗獷建築的代表。

科學圖書館建於一九六〇年代，矩形水泥輔以繁複的龍形圖騰，加上美麗茂密的梔子花前院，堪稱是胡志明市最有代表性的粗

科學圖書館是粗獷主義建築代表。

獷主義建築。我拍照的時節剛好是越南大考來臨的日子，許多學子都在這裡K書，館內雖然沒有空調，但滿庭的綠意多少紓解了蒸騰的熱氣。科學圖書館的前身其實是座監獄，一八六六年法國人第一次對越南人處以仰式斷頭極刑就在這裡，監獄在一九五〇年代正式關閉。

除此之外，胡志明市早期的大樓式住宅也以粗獷主義爲主，很多都是無電梯的集體公寓。

無騎樓的蛋糕風格建築

九〇年代以後的胡志明市，走過了殖民歲月、越戰烽火、共產鎖國以及改革開放，各方面都呈現明顯而活潑的改變。

在建築方面，一些有錢人參考了外國影集裡的建築樣式，估算了市區每年高漲的地價與稅金，發展出一種細細瘦瘦、粉色夢幻、類似賈科

（左）市區隨處可見色彩豐富的現代建築。只是這麼窄，住久了應該不舒服吧。
（右）房子那麼瘦，胖的人怎麼出入？仔細看，真的沒有騎樓耶！

梅蒂式（Alberto Giacometti）的現代建築。

我戲稱這種建築只有「五人肩寬」，據說越南的房屋稅是依照房子的面幅來計算，所以大家都盡可能把房子蓋窄以減少課稅。色彩方面，則竭盡所能營造出一種可口夢幻的感覺，很像是誘人的西點蛋糕，各種粉綠、粉紅、粉藍、粉紫統統出籠，家家戶戶都飄著一股奶油氣息。有些外國建築師稱呼這種設計爲蛋糕風格（patisserie style），我覺得頗爲傳神貼切。

按理說，越南炎熱多雨的氣候應該很需要騎樓建築，但這裡並不時興騎樓和亭仔腳。每回看到店家大費周章把粗糙廉價的帆布棚撐起來當成騎樓使用，心裡不免嘀咕，你們應該學學台灣蓋個騎樓才對，遮陽遮雨的多省事，而且許多貨品或食物就這麼放在人行道上曝曬也不是辦法。

高棉佛寺

越南的佛教屬於大乘佛教，但南方受到高棉文化的影響（高棉人是柬埔寨最大的種族），因此也發展出小乘佛教，建於一九四七年的香達朗悉寺（Chandaransi Temple）就是其中代表。

香達朗悉寺的牌樓就在大馬路邊，乍看還以爲是泰國式，一不小心很容易錯過。細長的巷弄掛滿了五色旗，強調這是一個高棉人的社區，再往裡走，就會看到鑲金包銀的寺門，兩側廂房則是身穿橘袍、半裸上身的僧侶活動空間。

目前寺中約有四十位僧侶，是胡志明市僅存兩間高棉寺廟的其中一間，也是本地高棉人平日

（左）香達朗悉寺入口的牌樓。
（右）寺中兩隻大白象虔誠地跪在鍍銀的佛塔前。原來胡志明市也有吳哥窟呢！

聚會的場所。寺內繪有五彩繽紛的佛教壁畫，使用的香燭很巨大，幾乎等於一個小孩子的高度。

據說高棉僧侶過著比一般大乘佛教徒更嚴謹的生活，他們不能戴帽，不能騎摩托車，行事一切簡樸，但你或許會看到僧人在打手機，這恐怕是他們始料未及的科技化生活吧！

印度廟建築

越南南部自古受到印度文化的影響很大。到了十九世紀，又有許多南印度的商人來西貢從事布料生意，如今胡志明市還留有三間當年印度人蓋的廟宇，但真正在使用的只剩下一間，瑪麗安曼印度廟。

建於十九世紀末的瑪麗安曼印度廟（Mariamman Temple），當年由七十多位印度坦米爾（Tamil）商人籌資興建。瑪麗安曼是南印度的雨神及豐饒之神，祂就像慈祥的祖母，在醫學不發達的年代可以治癒水痘麻疹等熱病，庇祐人們在事業、姻緣、求子、分娩、運勢等各方面順利成功。但來這裡千萬不可求財，據說會有反效果。

一九七五年越南統一後，瑪麗安曼印度廟一度成爲專門生產拜拜用香的工廠。

如今，在這座有著奇豔雕塑，每尊神像的神情與肌肉線條都非常鮮活的廟宇裡，每逢初一、十五往往擠滿善男信女，廟方會在你的額頭抹上紅點並分發小禮物，農曆新年時更是摩肩擦踵。有興趣參拜的人不妨自備茉莉、百合、劍蘭等女神喜歡的鮮花素果。我去的時候一位婦人不知何故趴在石壁上啜泣、喃喃自語，也許這是一種神啟吧。

（左）瑪麗安曼印度廟。最討厭門口那些會糾纏觀光客的攤販，我在這裡被坑了台幣四百塊的進香錢！
（右）另一間印度廟同樣位於市區精華地段。

清眞寺建築

回教傳入越南最早可追溯到十世紀。

就我所知，胡志明市的清眞寺共有四間，其中的拉希姆清眞寺（Masjid Al Rahim）是一座由馬來人經營的清眞寺。「拉希姆」的意思就是仁慈者。建於一八八五年的拉希姆清眞寺外觀精緻小巧，同時也是一個穆斯林社區，共住了二十四戶來自馬來、印尼、中國、高棉、越南各地的穆斯林家族，他們在這裡生根已達五代之久。

拉希姆清眞寺內的牆上掛有回教各時區的時鐘：越南、巴格達、耶路撒冷、喀布爾、科威特、華盛頓等，饒富異國情調。寺內每天傍晚都有阿拉伯文誦經課。

拉希姆清真寺。

越南穆斯林的戒律似乎比阿拉伯國家更爲彈性：他們不必前往麥加朝聖，禁吃豬肉但可飲酒，齋戒月只要禁食三天即可，還可打赤膊抽菸……。

當我置身在胡志明市琳瑯滿目的建築物中，有時點頭如搗蒜，有時搖頭如撞鐘。我曾見過雖已斑駁但完全看得出當年風華的法式陽台被居民當做現成的曬衣場，所謂「昔

從寺內向外望，洋蔥、月亮、星星。對面那棟建築就屬粗獷主義了。

越南人的防盜鐵窗裝在室內，有趣吧。

日王謝堂前燕，飛入尋常百姓家」大概就是如此。越南政府已經注意到這種現象，一方面努力保存老舊建築，一方面積極向新加坡取經，希望將胡志明市打造成另一個新加坡，我們拭目以待！

- **科學圖書館**：69 Ly Tu Trong, District 1
- **香達朗悉寺**：164/235 Tran Quoc Thao, District 3
- **瑪麗安曼印度廟**：45 Truong Dinh, District 1
- **拉希姆清真寺**：45 Nam Ky Khoi Nghia, District 1

第二部

文藝巡遊

越南主題影展

越僑的鄉愁與導演陳英雄

台灣人對越南電影大多陌生，但對於美國、法國投資拍攝的越南主題電影，特別是好萊塢出品的，可就耳熟能詳了。

雖然越南題材的電影在國際影壇上不是主流，但不可否認它已自成一派。

我離開越南之後重溫了不少好片，當初只是想回味曾經生活過的市容街景，沒想到看著看著卻成了第二鄉愁，所以千萬別問我越南電影好不好看，因爲鄉愁是絕對的，鄉愁無法客觀。

透過美國電影認識越南的我們

大多數人對越南最初的印象都從美國電影而來，像是一九八二年的《藍波第一滴血》、一九八八年的《早安越南》、一九九四年的《阿甘正傳》、二〇〇二年的《沉靜的美國人》。

而奧立佛史東的三部曲：一九八六年的《前進高棉》、一九八九年的《七月四日誕生》、一九九三年的《天地》，更是其中代表。這三部老片均勇奪奧斯卡與金球獎，曾親身參與越戰的大導演奧立佛史東，實實在在影響、甚至綁架了整個台灣以及全世界對越南的觀感，至今要扭轉

法國人拍越南電影會在綠蔭深深、乳汁泌泌、一望無際的橡膠樹林取景，多少舊日的優雅與殘酷，深藏其中。

人們對越南的刻板印象還不是那麼容易。

有影評家分析美國拍的戰爭片，如果是二戰相關電影，許多都本著文學和歷史的脈絡去改編；但越戰電影，很少是從具有代表性的文學作品或客觀史實紀錄去發想，多數集中在個人式的回憶與經驗，那是美國人很特別的心結。

也因此，好萊塢的越戰電影看多了感覺都差不多，那些符號式的面孔與布景，總讓格局與高度受限。

看看法國人的角度

一九八六年越南改革開放後，法國人紛紛回到這個舊日屬地取景拍攝，而他們掌握越南的面向，還是比美國人來得寬廣且細膩。

一九九二年，由凱瑟琳丹妮芙主演的《印度支那》獲得奧斯卡最佳外語片殊榮。同年，由莒哈絲原著改編的《情人》也造成大轟動。華文媒體總愛把焦點放在梁家輝的裸臀演出，其實我更想指出，這部片子大概也是越南題材電影中，少數直接取自文學作品的代表。

台灣觀眾對於法國人拍攝的越南電影，比較著重在異國風情的浪漫欣賞，這跟好萊塢給我們的鐵血叢林是兩個完全不同的接收系統。

越南人接觸電影大概是在一九一〇年的法屬時期，影片當然也從法國進口。一九二〇年代，河內、海防、西貢等大城市開始有電影院，雖然越南人可擔任演員參與演出，但他們沒有機會學習電影工業的相關知識，所有技術如攝影、剪接、配音、沖片等，都被法國人壟斷。法國人有時候會與華人合作，無論是軟硬體或資金方面，都希望經濟能力較好的華人能多多挹注。

我每次看這類電影總忍不住怨嘆，誰叫你當年不好好對待越南，變成往事之後才來追憶，如果用這個角度去看法國人拍的越南電影，或許你也會有不同的觀影心得。

好在出了一位陳英雄

法國人雖然曾經愧對越南，但國際知名的法籍越裔導演陳英雄（Tran Anh Hung），或許可以成爲一座彌補橋樑。

陳英雄，一九六二年出生於越南中部的峴港，十二歲時因爲越戰，與家人一同移居法國，最初念的是哲學，偶然看見一部讓他感動的電影後，決心進入路易盧米埃學院學習電影技巧。

有人說陳英雄是越南的阿巴斯（伊朗導演）或越南的侯孝賢，也有人認爲他受到法國導演布列

（左）陳英雄伉儷二〇〇九年來台留影。
（右）法籍越裔導演陳英雄。

松、瑞典導演柏格曼、日本導演黑澤明和小津安二郎的影響很大。

除了越戰、法式浪漫外，眞正比較生活化、正常一點的越南電影，我首先推薦陳英雄的三部曲：一九九三年於法國坎城影展獲獎的《青木瓜的滋味》，全片資金來自法國，在法國攝影棚裡拍攝完成，是史上第一部被奧斯卡提名的越語電影；一九九五年梁朝偉主演的《三輪車夫》，此片榮獲威尼斯影展金獅獎；二〇〇〇年《夏天的滋味》。

《夏天的滋味》雖然沒有在任何影展中得獎，卻是我心中目前爲止最鍾愛、最完美的越南電影，它以一種熱帶德布西的印象派風格傳達出新的越南詩意，甚至囂張一點說，它根本就吹起了整個亞洲的那股舒潤季風。

有些評論家批評陳英雄的作品呈現的並非眞正的越南，而是一個過度美化的結果，這也是現今海外越裔導演在處理家鄉主題所面臨的共同問題，要不太遠，要不太近。

三十年來陳英雄僅拍出七部代表作，他說，這不是因爲慢工出細活，純粹因爲資金問題，又點出了旅外越裔導演的另一個現實考量。難怪，除了《挪威的森林》，他的太太陳努安姬（Tran Nu Yen Khe）幾乎都是他片子裡的第一女主角，大概也是想省點錢吧。

《挪威的森林》竟然由越南人執導

如果你以爲陳英雄只會拍越南電影那就錯了，二〇〇九年他與喬許哈奈特、木村拓哉、李秉憲、余文樂合作了《幻雨追緝》，可以看出他自我挑戰以及拓展國際市場的企圖心。

陳英雄說，「我不想讓電影成爲改變世界的武器，而想利用它做爲與觀眾內心深處情感交流的工具。」《幻雨追緝》也許就是他想與多元文化的觀眾交流所踏出的第一步。

陳英雄與攝影大師李屏賓合照。《挪威的森林》、《夏天的滋味》都是他們合作的代表作。

（左）越南也有NCC，叫做國家電影中心，位於河內，經常播映好片。
（右）現在樓下是機車行的老建築，法屬時期是西貢的電影院，二樓門楣刻著 NG. V. Hao，是屋主阮文好（Nguyen Van Hao）醫師的名字縮寫。

台灣很多的文藝青年都喜歡村上春樹的書，像我這樣不喜歡《挪威的森林》的人大概少之又少。所以當二〇一〇年陳英雄把原著搬上大銀幕時，可想而知，村上文青哪有那麼容易被討好，網路上一堆人都罵翻了。

據說村上春樹與陳英雄一共只見過三次面，但我好奇的卻是村上春樹爲什麼願意讓陳英雄拍？村上春樹對這部片子的評價又如何？

我想，村上春樹打從一開始就不準備讓日本導演或其他主流導演來詮釋這部作品，他跌破眾人眼鏡，授權給一位越南導演，也許就是看中了陳英雄的文化轉換與成長背景，村上春樹可能覺得，陳英雄處理原著中的游移、隔閡、疏離，會有更貼近的手法吧。

陳英雄曾說，「做爲一個藝術家，自己去生活反而不如讓你來表達生活更容易」，這大概也是村上春樹選擇讓陳英雄執導的原因。

其他揚名國際的越南電影

除了陳英雄之外，很多年輕的越南導演也在影壇上嶄露頭角，也幾乎清一色都是所謂的越僑（Viet Kieu）。

一九九九年，《戀戀三季》在日舞影展、聖丹斯電影節、美國獨立精神獎中獲獎，是第一部入選德國柏林影展的越南電影，年僅二十六歲的美籍越裔導演東尼裴（Tony Bui）引起了不小的轟動。

兩歲時就從越南移居到美國加州的東尼裴說，他拍攝這部片子的深層意涵是想表達，身爲美籍越裔，應該去思考越南血統的眞正意義，應該要找到一種正確的態度，而不是以越僑的身分大搖大擺回到故鄉花錢消費而已。

二〇〇〇年，《流沙歲月》獲得亞太影展最佳電影、最佳女主角及女配角獎，由出身河內導演世家的阮青雲（Nguyen Thanh Van）執導。

二〇〇四年，《牧童》在芝加哥國際電影節獲獎，由美籍越裔導演阮武嚴明（Nguyen Vo Nghiem Minh）與法國、比

越南路邊常見這種讓人挑選盜版DVD的小店，價格便宜，許多新片都有。我買過《沉靜的美國人》、《青木瓜的滋味》、《色戒》等。

利時合作。

二〇〇六年，《穿白絲綢的女人》參加釜山國際影展，奪下觀眾票選最佳影片獎。美籍越裔導演劉皇（Luu Huynh）在好萊塢的技術支援下，以和《達文西密碼》同等級的技術進行電影拍攝，拍攝時間長達五年，耗資六千多萬台幣，是史上耗資最貴的越南電影。整部片以優美動人的管絃樂扣住了我的心，再加上片中兩位小女孩真摯的演出，相當賺人熱淚。

二〇〇七年，《貓頭鷹與麻雀》榮獲美國溫馨電影展水晶之心獎、洛杉磯電影節觀眾最喜愛電影獎、聖地牙哥亞洲電影節評審團特別獎、夏威夷國際電影節最佳劇情長片、美國獨立精神獎約翰卡薩維茲獎提名等，導演是美越混血兒 Stephane Gauger。

二〇〇八年，《替屍鬼》由韓國導演金泰慶（Kim Tae kyeong）在越南取景拍攝，該片是一九七五年越南統一後，第一部准許上映的恐怖驚悚片。

世紀史詩的《印度支那》和熱帶德布西的《夏天的滋味》，是我個人最喜歡的兩部越南主題電影。

期待看到更多的越南本土電影

越南早期的電影工業被法國人獨占，一九四五到一九八六這四十年內，越南人忙著爭取獨立、打贏越戰、全國統一，電影發展淪爲政治服務，完全國營化，當時的越南電影只在全世界少數幾個共產國家中流通。

一九八六年改革開放後，許多擁有海外生活經驗的越僑導演紛紛加入越南電影的行列，越南也與法國、德國、美國，近年來還與韓國、中國合作，而在這些不同的刺激紛紛加入後，終於在二〇一二年開花結果。

二〇一二年，從越南河內大學電影戲劇學系畢業的潘黨迪（Phan Dang Di）以《紅蘋果的慾望》揚名國際，一舉拿下坎城影展國際影評人獎及最佳編劇獎、斯德哥爾摩電影節最佳影片與最佳攝影獎等七個大獎，被譽爲是繼陳英雄之後，在國際影展得獎最多的新銳導演，而且還是一位越南本土培養出來的導演。

根據我的觀察，台灣人對越南電影是有興趣的，有些單位、戲院或學校都會定期舉辦越南影展或東南亞影展，公視也曾播放越南系列電影。如果你知道香港名導徐克在越南出生，直到十六歲才移居香港發展，你就不得不承認，越南其實是很多導演的原生故鄉。

也許，電影正是我們重新認識越南或同理越南最好入門的方式，就讓我們透過影像聲音，一起分享越南人的情懷，他們的家庭倫理，對戰爭的看法，以及男女情欲的故事吧！

鄧泰山傳奇

亞洲第一位蕭邦鋼琴大賽冠軍

左撇子的鄧泰山，左右手的協調比右撇子的演奏家占優勢。（www.dangthaison.net提供）

世上能眞正理解蕭邦語言的沒有幾個人，鄧泰山就是其中之一。這是鋼琴家傅聰對鄧泰山的評語。

中國鋼琴家郎朗說他第一次看到鄧泰山（Dang Thai Son，一九五八——）的英文拼音名字，還以為這個人叫「唐太宗」，這位越南的唐太宗，在一九八〇年美蘇兩強對峙的冷戰時代，從三十七國、一百四十九位競爭對手中，奪下了第十屆蕭邦鋼琴大賽的冠軍，這是該賽創辦五十三年來第一次由亞洲人獲得這個獎項，同時他還摘下了協奏曲、波蘭舞曲和象徵蕭邦靈魂的馬祖卡獎，當時他年僅二十二歲。那一年，來自台灣、也是二十二歲的陳宏寬則得到了評審特別獎。

詩人音樂家的基因與老鼠防空洞的傳奇

鄧泰山出生在一個戰亂的時代，但他充滿文藝氣息的家庭提供了他最寶貴的啟蒙教育。

他的父親鄧丁雄（Dang Dinh Hung）是越南先鋒派詩人，在鄧泰山出生前，鄧丁雄被打為「反革命份子」，因爲父親的政治身分，小時候的鄧泰山從未想過自己能出國比賽、揚名國際，當然也無法料到日後他的得獎，能讓原本生命垂危的「反革命」父親，終於獲得應有的醫療照護，因此多活了十年。

他的母親蔡氏蓮（Thai Thi Lien）是越南的鋼琴教母，出生於西貢堤岸一個有錢的華人家庭，四歲就跟著法國人學琴，但長大後卻反法，隻身前往河內發展。一九四六年，蔡氏蓮前往巴黎音樂學院深造，一九五一年畢業於布拉格音樂院，是該校第一位越南籍校友。

蔡氏蓮後來嫁給了小他六歲的第二任丈夫鄧丁雄，並在一九五八年生下鄧泰山。鄧丁雄以中國五嶽「泰山」爲兒子取名，鄧泰山後來也果眞成爲樂壇的一座泰山。

左撇子的鄧泰山五歲開始跟著媽媽學琴，一九六五年，七歲的他進入媽媽任教的河內音樂學院，當時越戰已經開打，爲了躲避戰火，河內音樂學院全校幾百名師生與幾十件的樂器，全部遷至靠近中國邊境的深山裡。

當時沿途的橋都被美軍炸斷，只能靠水牛拖運鋼琴或馱著過河。好不容易到了山裡，那幾台被折騰得不成琴形的鋼琴不僅踏板爛了兩個洞，更成了老鼠窩。每天練琴前，鄧泰山第一件事就是拿棍子把老鼠從鋼琴裡趕出來，常常練到一半，轟炸機就來了，因此從小他就有一副好耳力，如果是聽起來較吵的美式轟炸機就得趕緊躲到防空洞，如果是聽起來速度較慢的俄式巡邏機就不用太擔心。不過附近的村民好幾次將糞便潑在鋼琴上，因爲琴音常讓他們分不清楚螺旋槳的聲音。那時每位學生每天只能分配到二十分鐘練習時間，讓他更珍惜每次的練琴機會，也培養了他對音樂的專注力。

一九七〇年戰火持續蔓延，鄧泰山的母親代表北越受邀參觀波蘭華沙的蕭邦鋼琴大賽，回程她帶了很多蕭邦的樂譜和唱片。十二歲的鄧泰山第一次聽到阿根廷女鋼琴家阿格麗希演奏蕭邦第一號鋼琴協奏曲時，就迷上了蕭邦，誰知道十年後，這位躲在防空洞聽音樂的少年竟然成爲蕭邦大賽的冠軍得主，而阿格麗希剛好就是那屆的評審。

這樣克難的山區生活鄧泰山整整過了七年，對他來說，戰爭曾經是生活中的一部分，他看著戰火長大，伴著戰火練琴，這段異於常人的閱歷對他日後詮釋蕭邦樂曲以及成爲一流音樂家有很大的幫助。

留俄歲月、參賽過程以及投奔自由？

一九七四年，越戰尚未結束，十六歲的鄧泰山遇到了生命中的貴人。

當年，蘇聯鋼琴家卡茲（Isaac Katz）去北越訪問，覺得這個越南少年雖然彈的只是小曲子，卻極富音樂性，因此卡茲不僅親自指導他半年，更推薦他遠赴蘇聯深造。

一九七七年，鄧泰山從南國前往北地，帶著僅有的五十元美金進入莫斯科音樂學院，師事納坦森（Vladimir Natanson）與巴許基洛夫（Dmitry Bashkirov）。當時考官給他的評語是：「手指尚待訓練，但很有音樂性。」頭一年納坦森讚許他進步神速，鄧泰山認爲那是因爲在那之前，他從未彈

鄧泰山當年比賽彈的蕭邦〈船歌〉，作品Op.60。

過一部「正常」的鋼琴。

三年後，鄧泰山被學校推舉出去參加蕭邦鋼琴大賽。但當年的參賽者都得靠推薦信，而他的推薦信上只有寥寥兩句話：「在越南河內學鋼琴。現爲莫斯科音樂學院學生。」後來是主辦單位覺得此人既然能就讀莫斯科音樂學院，應該有一定水準，另一方面也考量蕭邦大賽還沒有越南人來參賽，才給了鄧泰山一個機會。

當年，鄧泰山與奪冠呼聲最高的南斯拉夫鋼琴家波哥雷利奇（Ivo Pogorelich），不僅是莫斯科音樂學院的同班同學，連宿舍都住在同一層樓。後來波哥雷利奇未能進入決賽，評審之一的阿格麗希更以退出裁判席表達強烈抗議。反倒是賽前無名、頂著長長劉海、戴著厚厚眼鏡、窮到差點連上台禮服都沒有的鄧泰山，以一種初體驗般的新人氣象，一路過關斬將成爲四冠王，這樣的對比大大轟動了當年的國際樂壇。我想，鄧泰山贏得絕非僥倖，因爲只有眞正躲過砲彈、看過山河破碎的人，才能理解鋼琴詩人蕭邦爲什麼被舒曼稱爲「花叢裡的大炮」。

賽後，鄧泰山第一次捧著大筆美金，感覺很惶恐，主辦單位好心建議他可以先把獎金留在波蘭，日後再取回。結果當他回到莫斯科，就有人說他把錢留在國外，意圖逃跑。

有人問過鄧泰山當年是否想投奔自由？他說他沒有那樣的想法，一方面他的姊姊哥哥都還在莫斯科念書（同母異父的姊姊陳秋河〔Tran Thu Ha〕後來成爲河內音樂學院院長），他若投奔勢必連累他們，二方面他覺得自己那時只會演奏蕭邦，很多曲目還需要拓展，因此他回到蘇聯繼續跟隨巴許基洛夫學琴七年，他的職業演奏生涯直到一九八七年後才正式展開。

美國冷、日本熱、台灣同名收費站

一九八八年，三十而立的鄧泰山，一開始的職業演奏之路走得並不順遂。

當時美蘇冷戰尚未結束，他只能在東歐國家演出，而他來自北越的背景，更讓美國長期拒發他的簽證，直到一九九五年他入籍加拿大之後，才能在美國登台，也終於一圓他想在紐約彈奏史坦威鋼琴的心願。

全世界第一個擁抱鄧泰山的國家是日本，甚至連他媽媽都被粉絲索取簽名，他在日本住過四年，也在日本灌錄了蕭邦鋼琴全集，二〇〇三年日本人更幫他出了一本自傳。

二〇〇五年，鄧泰山來台灣開了第一場正式的演奏會，當時賣座不到五成。但二〇〇八年他再度訪台，票房卻衝到了九成七，我想幕後最大的功臣應該是樂評家焦元溥。被焦元溥譽爲有齊瑪曼（Krystian Zimerman）瑰麗色彩與波里尼（Maurizio Pollini）透明質感的鄧泰山，對於台北國家音樂

鋼琴家傅聰說：「世上能真正理解蕭邦語言的沒有幾個人，鄧泰山就是其中之一。」（www.dangthaison.net提供）

廳有那麼多鋼琴可供選擇的盛況印象深刻。有一次他還問焦元溥，那個跟他同名的（泰山）收費站還在嗎？可見這位身上流著八分之一華人血統的越南鋼琴家，跟台灣還眞是有緣。

現況

如今走遍世界各地、與各大交響樂團合作、本身也常擔任國際鋼琴大賽評審的鄧泰山，過去長期鑽研俄國樂派，現在最喜愛法國印象樂派作品，而他詮釋的蕭邦、柴可夫斯基、拉赫曼尼諾夫、德布西、拉威爾等，都是全球樂迷珍藏的發燒天碟。

走過了俄式的華麗音質與法式的輕盈優雅，每年鄧泰山都會回去故鄉越南看看，或爲越戰橙劑受害者舉行慈善義演，未來他希望能在越南辦學，提攜後進，將他一身的好本領傳承給下一代。

●**鄧泰山的網站：**dangthaison.net/

水上木偶戲

沒看過等於沒來過越南

無論是布袋戲、皮影戲、懸絲偶戲、杖頭偶戲、面具偶戲、水上木偶戲……只要是偶戲，總讓人想到童年的歡樂時光。其中，結合了雕刻、建築、繪畫、音樂、舞台、文學、煙火，甚至環保概念的越南水上木偶戲，更是享譽國際的世界文化遺產，也是你到越南不得不看的一道風景。

北昇龍、南金龍

一般說來，想要欣賞最正統道地、最原汁原味的水上木偶戲，一定要去河內的昇龍劇院（Thang Long）看看。我沒去過河內，胡志明市的金龍水上木偶劇院卻同樣讓我擁有了一個歡樂的夜晚。原來飽經戰亂的越南，也有它輕鬆幽默的一面。

走進可容納兩百人座位的金龍水上木偶劇院，隔壁兩位金髮的瑞典女孩已經打開洋芋片邊等邊嚼，不時還聽到她們拍打小腿、揮趕蚊子的聲音，原來愛看木偶戲的不只是人類而已。

華燈初上、好戲開鑼，大家顧不得手邊的零食或腿邊的蚊子，忙著拍照錄影或哈哈大笑。說也奇怪，坐在第一排的觀眾似乎都沒有被木偶濺起的水花噴到，我猜舞台與觀眾之間存在一種不可

（左）胡志明市金龍水上木偶劇院。
（右）越南水上木偶戲。

言說的黃金比例。而鼻腔共鳴、音調上揚的越文口條，加上文武鑼點與山歌小調時而喧鬧時而婉約的交錯，透過水波的傳送，更讓不諳越文的各國觀眾聽得津津有味，該笑、該鼓掌的時候大家一點都沒有秒差。

水田裡的表演藝術

水上木偶戲源自北越河內附近的紅河三角洲一帶，那裡自古以來遍布湖泊、池塘、水田，因此農民趁著農閒或紅河氾濫期間，在水中搭起棚架，揮動木偶以爲自娛，發展至今已有千年的歷史。

一一二二年，相傳當時的李仁宗皇帝（Ly Nhan Tong）在壽宴上看過水上木偶戲的表演之後，大爲讚賞，此後逐漸成爲越南最具代表性的民俗技藝。

水上木偶戲在十八世紀達到最高峰，但十九世紀中葉法國人開始統治越南後，水上木偶戲曾沒落一段時間，直到一九四五年後才逐漸在北越地區復興。河內大學影劇學系在二〇〇七年將水上木偶戲列爲正式課程，希望能喚醒更多的年輕世代來傳承這項千年之藝。

事實上，水上木偶戲也是一項「綠藝術」，在環境污染日漸嚴重的今日，除非鄉間的河塘經過整治或消毒，否則想在戶外欣賞最原始的水上木偶戲，恐怕需要更多的環保意識與教育。老一輩的師傅還感慨，現在水上木偶戲一切都以票房取向，導致劇團與劇團、藝人與藝人之間會互打官司，往日那份農村原趣已不復見。

十七齣戲碼，齣齣精采

越南水上木偶戲最初的設計是要讓人享受農暇時光，因此情節多以描寫農村生活、歷史故事、神話傳說爲主。

表演一開始會先演奏越南的傳統音樂，緊接著上演升旗會、小丑開演（Teu，是一名健康開朗的農村青年，類似主持人幽默串場的角色）、龍舞、牧童吹笛放牛、插秧、釣

（左）舞台旁的樂師團，插科打諢樣樣來。
（右）狀元回鄉。木偶會掀開竹簾然後出場。

青蛙、打狐狸、捕鴨、捕魚、光榮祭祖、獅舞、鳳凰舞、黎王還劍（Le Loi King，相傳黎王與敵人交戰時，有一隻御劍的金龜幫助黎王退敵，後來黎王特別將此劍還給金龜）、孩童戲水、賽船、猛獅爭球、仙女舞、四獸舞（龍獅龜鳳）等十七齣精采又熱鬧的戲碼。

水上漂浮的炫技

顧名思義，水上木偶戲的舞台一定搭在水上，而且是深約一公尺的混濁水池，藉以掩蓋操作木偶的機關。水面上有座紅色的水榭亭閣，掛有類似八仙彩的裝飾。亭前有幾片竹簾，兩旁有草木布景。

操控木偶的師傅會隱身在竹簾之後，雙腳站著並以雙手操控長長的竹竿與細線，水的浮力會減輕木偶的重量，讓木偶師傅能運用強勁的臂力及祖傳祕技去控制這些木偶，使其跳躍、划船、翻滾等。

木偶師傅表演前通常會喝魚露（Nuoc Mam）並用

表演者從簾後走出謝幕，身上全都穿著類似雨衣的不透水材質工作服。

老薑按摩身體，這樣下半身泡在水中時就不會畏寒。每個木偶出場時都要掀開竹簾，退場時再躲到簾後。

戲台兩旁則設有小型的六人混聲樂隊，樂師們時而齊奏，時而對唱，使用的樂器包含了響板、嗩吶、笛簫、單絃琴（一線琵琶）、二胡、鈴鼓、鐃鈸等。

無花果樹的木偶

水上木偶的造型樸拙，臉上永遠掛著笑容，象徵無憂無慮的童年記憶。想要雕出深諳水性的水上木偶，必須使用老欉的無花果樹，因爲它的材質較輕，纖維較韌，浮力較大，且耐蟲蛀。刻好的木偶還得塗上七層顏料，最常使用的顏色包括黑、綠、黃、紫、肉色等。

用無花果樹雕刻出來的水上木偶。（林頌恩攝）

一般製成的木偶高約四十公分，重達七公斤，但最大的木偶可高達一百八十公分、四十公斤，至少需要三人以上同時操作。要控制一尊木偶有時需要十二條線，因此沒有高超的技巧很容易打結。據說最大型的戲碼會動用兩百尊木偶，需要五十人同時表演。

散場後，可逛逛賣紀念品的地方。

外交國寶

雖然水上木偶戲在越南擁有千年歷史，但直到一九八四年在法國巡迴首演後，才開始在國際上嶄露頭角。

二十多年來，水上木偶爲世界各地的觀眾散播歡樂散播愛。走過美國、墨西哥、以色列、英國、瑞典、芬蘭、義大利、丹麥、澳洲、德國、肯亞、泰國、日本、南韓、中國、加拿大、香港、新加坡等地，儼然成爲越南最具親和力的外交國寶。台灣也曾在二〇〇六年邀請越南水上木偶劇團來台進行表演，佳評如潮。

隨著國際交流日趨頻繁，水上木偶戲也開始改編安徒生童話：「夜鶯」、「小錫兵」、「醜小鴨」、「小美人魚」，甚至「白雪公主」、「阿拉丁神燈」都有水上木偶的版本。也許將來水上木偶戲還會進軍好萊塢，成爲下一檔暑期上映的兒童動畫影片呢！

下回來越南旅遊，晚上閒來無事，與其泡在酒吧、舞廳、咖啡店、卡拉ＯＫ，倒不如乘著涼爽的夜風，觀看一場詼諧逗趣的水上木偶戲吧！

●**金龍水上木偶劇院：**d55B Nguyen Thi Minh Khai, District 1

長衫旗袍

端莊挑逗的國服與設計師黎仕煌

在越南潮濕炎熱的午間，唯一不會使我昏昏欲睡的，就是路上偶然路過的旗袍身影，難怪英國知名記者安東尼・格雷（Anthony Grey）有感而發：「穿著越南旗袍的女子，宛如漂浮在向晚的微風與羅望子樹下，既端莊又挑逗。」

西貢小姐的標準穿著

越南旗袍（Ao Dai）又稱長衫，通常使用絲綢等軟性布料，胸袖剪裁非常合身，凸顯女性玲瓏有致的曲線，兩側則開高衩至腰部，走路時前後兩片裙襬隨風飄逸，搭配上高腰、貼臀、喇叭筒的長褲，無論日常生活的行、住、坐、臥都很方便（至少比日本的和服要實用多了）。

越南旗袍最引人遐思之處，莫過於兩側衣褲交接處隱約可看到一點腰肉，在過去保守的年代裡不知撩動過多少男人的靈魂。越南旗袍將女人從頭到腳緊緊裹住，薄紗底下的軀體卻又呼之欲出。

過去越南旗袍只在外出、會客、年節以及婚宴等重要場所才穿，對鄉村姑娘來說，它幾乎等

展示越南國服的甜姐兒。

若隱若現的性感旗袍。

於一生只穿一次的白紗禮服。但現在一般的日常生活中，到處都可看到它裹著女人好看的腰枝搖曳過街。

過去越南旗袍裙襬長到腳踝，現在爲了方便女性騎乘交通工具而改短；過去越南旗袍的領子最高曾達七公分，現在各種性感的低胸領口紛紛出籠；過去越南旗袍的顏色代表了年齡與地區（少女是白色，未婚女子是粉色，已婚婦女則是深色；北越女性喜好黃絹色，中越女性偏愛紫檀色，南越女性則選擇白色或刺繡花樣），但現在已經沒有分別，你甚至會看到使用牛仔布、皮革、珠串，甚至石頭設計的現代化旗袍。爲了襯托優雅的身段，西式的高跟鞋也成了不可或缺的配件。

越南自古以來受到中國、法國、美國等文化影響，在旗袍上也融入了各個時代的特色。近年來越南本土意識抬頭，旗袍也加入了許多少數民族的風格，有的設計師甚至將「長了青苔的土製屋頂」的設計概念融入越南旗袍中。

流變的旗袍史

一世紀時，越南人爲了紀念英勇抵抗中國入侵的二徵姊妹，開始穿起剪裁寬鬆、有著四片裙襬的服裝，這是越南旗袍最早的記載。到了十八世紀，女性開始穿著鈕釦式上衣與褲裝。進入十九世紀後，越南人採用了中國滿清旗袍領的設計，從頸部、腋下沿著肋骨開襟以便穿脫，成爲越南旗袍的原型。

二十世紀初的法屬時代，一些年輕女孩開始進入法國人的學校讀書，這時出現了既能符合她們知識文化的優越感、同時又能領導時尚風潮的服裝。一九三〇年代，阮吉祥（Nguyen Cat Tuong）設計了一系列明亮色系、肩膀打摺、圓形低領、馬甲剪裁等具有濃厚法式風格的越南旗袍，之後又出現了墊肩、袖套、蕾絲、流蘇等歐式配件，奠定了現代越南旗袍的基本樣式。一九五〇年代，

高挑的西貢小姐。（林頌恩攝）

宮廷式越南旗袍。（林頌恩攝）

「西貢小姐」是越南知名香水品牌，瓶身概念來自長衫旗袍。（林頌恩攝）

越南旗袍將領口到腋下這部分改採四十五度的插肩袖設計，可避免手臂活動時產生的縐摺，同時也在長褲部分做了貼臀、寬管的斜邊剪裁設計，直到今天仍繼續沿用。

一九五四年之後，越南進入南北分裂時期，南越受到美國文化的影響，開始出現無領的越南旗袍，這股風潮由當時的第一夫人陳麗春親自帶動，她常常穿著船領或水手領的旗袍接見外賓，露出纖細白皙的頸部曲線，一時蔚為風潮。

一九七五年北越解放南越之後，越南旗袍幾乎消失殆盡，越共認為旗袍代表當年南越的資本主義，而且不符合勞動人民的需要，因此只允許在少數場合，例如婚禮時才能穿。直到一九八六年越南經濟改革開放以後，旗袍才又再度流行起來，並成為女性公務人員、旅館接待、新聞主播、空中小姐以及高中女生的制服。

一九八九年越南開始舉辦「旗袍小姐」選拔，每年都吸引上千名佳麗參賽，美術系學生也開始參與旗袍的改良設計，再加上女性雜誌定期發表新的旗袍款式，以及越南紡織業開始蓬勃發展，讓越南旗袍正式進入百家爭鳴時代。

一九九五年東京舉辦世界小姐選美，越南佳麗張瓊梅（Truong Quynh Mai）以一襲藍白相間的錦緞旗袍贏得最佳國服獎，同時也引起國際間對越南旗袍的重視。近年來，許多國際時裝秀或設計大師也從越南旗袍獲得不少啟發與靈感。

一九九〇年之後，許多旅居海外的第二代越僑除了透過越南旗袍來尋求文化認同，也開始著手設計大膽前衛、若隱若現、情色風格的旗袍。至今，越僑儼然成爲旗袍市場、旗袍設計、旗袍產業的一股主導力量。

幫瑞典皇后製作旗袍的首席大師：黎仕煌

在胡志明市若想訂做高級旗袍，內行人都會想到黎仕煌（Le Si Hoang），不僅因爲CNN介紹過他的旗袍，更重要的是他在二〇〇四年幫瑞典皇后席維亞（Queen Silvia）做過旗袍。

黎仕煌，一九六二年生，畢業於胡志明市美術學院。一九八九年胡志明市舉辦第一屆旗袍小姐選拔時，有位參賽佳麗委託他設計旗袍，他大膽運用手工彩繪替代傳統刺

這對穿越式傳統國服拍照的新人很耍寶。（林頌恩攝）

繡，直接把旗袍當成畫布創作，最後讓這位佳麗贏得了第二名的殊榮，從此開創了越南手繪旗袍的嶄新時代。

黎仕煌對於歐洲、印度、中東以及越南少數民族的淵博學識簡直媲美歷史學家，豐厚的人文素養讓他可以在西洋美術史的立體派與民族人類學的南島語系之間自由梭巡，舉凡：簡約的幾何樣式、高貴的黑天鵝絨、強烈的民族色彩、手繪的花朵圖案、純白的西式婚紗、復古的中式風格、傳統的宮廷剪裁等，在他的創意巧思之下，均呈現出一種新的、跨越國界的時尚美感，因此作品屢次躍上國際舞台，常在世界各地參展，大大提升了越南旗袍在國際上的能見度。

黎仕煌更向下扎根、放眼未來，他最著名的系列作品就是「兒童塗鴉彩繪旗袍」，他讓小孩子自己繪圖設計，然後交由專業師傅打版套色，當孩子們穿著自己設計的衣服並感到驕傲時，他也盡了一份傳承越南傳統服飾的心力。

除了服裝，近年黎仕煌更跨足其他藝術領域：手工陶藝、木製家具、民俗織品，傳統音樂、地方戲曲、影音產品，甚至實驗劇場他都廣泛接觸，一方面挽救那些快被世人遺忘的傳統文化，另一方面也藉由藝文交流，向國際推銷越南的觀光與貿易產業。黎仕煌多角化的經營，也讓他時時能回過頭來覓得設計越南旗袍的靈感泉源。

除了黎仕煌之外，其他知名設計師還有：明姮（Minh Hanh）、蘭虹（Lan Huong）、喬越蓮（Kieu Viet Lien）、武越鍾（Vo Viet Chung），還有專門收藏越南皇室旗袍的貴族後裔鄭白（Trinh Bach）以及Dr. Nam-Son Ngo-Viet。

越南旗袍至今已成爲國家的形象代表，下次來越南，不妨欣賞一下這種石榴裙吧！

（左）取材自西方立體畫派的手繪旗袍。
（右）訂做旗袍，所需工時短則一天長則一周。

大師鄭公山

越南的巴布狄倫與民歌之父

他的人，曾被美國民謠之后瓊・拜雅譽爲「越南的巴布狄倫」；他的歌，曾被日本ＮＨＫ電視台選爲主題曲，也被台灣歌星尤雅翻唱過；他的死，更被美國《紐約時報》、英國ＢＢＣ譽爲是自越南國父胡志明逝世後規模最大的一場喪禮。

我第一次知道鄭公山（Trinh Cong Son，一九三九—二〇〇一），是在胡志明市的平貴休閒度假村（見283頁）一間小屋內。小屋雖小，照片、樂譜、手稿、書信、自畫像、唱盤、ＣＤ、書籍等卻擺設得錯落有致。鄭公山，這位在一九六〇年代以嗜菸豪飲聞名的越南反戰歌手與作曲家，生前非常喜歡平貴度假村，一九九九年他在這裡成立了一個俱樂部，號召一些喜愛音樂與藝文的人士在此聚會交流，一時蔚爲風潮。

招牌的黑框眼鏡、深鎖的眉頭線條，鄭公山不僅令越南人懷念，還要進而供奉祭拜。

（左）鄭公山的詞曲與慶離的嗓音，是許多越南人的共同記憶。
（右）竹簾上的鄭公山，與他的成名曲〈溼潤的睫毛〉樂譜。

跨越北緯十七度的反戰之音

鄭公山童年時汲取了越南中部的泥土芬芳，一九五七年，十八歲的他雖然沒有受過正式的音樂訓練，卻以一把吉他、一首〈溼潤的睫毛〉（Uot Mi）闖出了他日後憂國多舛的音樂生涯。

一九六七年，美國總統詹森決定對越戰擴大加碼，投入了近五十萬人次兵力，當時已從師範學校畢業的鄭公山和女歌手慶離（Khanh Ly）有感於時局艱困，開始不分晝夜在西貢大學的校園唱起反戰歌曲。他的曲是那麼地優柔，詞是那麼地眞切，題材涵蓋了愛情、鄉土及和平，因此跨越了日內瓦會議那條北緯十七度線，當時人不分男女老幼，地不分南越北越，人人都喜愛他的歌。無奈鄭公山的政治立場與親共色彩引發了南越當局的不滿，情治人員多次上門警告，最後全面查禁他的歌曲，人們只好私底

一九六七年二十八歲的鄭公山是位時髦黑狗兄：玩攝影、喇叭褲、寫情書。

下偷聽並祕密流傳。

一九六八年，美國《紐約時報》報導了鄭公山的人與歌，讓他首度躍上國際媒體版面。一九六九年他在日本獲頒「金唱片獎」，隔年，他與女歌手慶離一同受邀前往日本大阪的萬國博覽會演出，還發行了首張日文專輯。

否極泰來的世界級地位

一九七五年越南解放後，鄭公山因受到家人逃往加拿大以及慶離逃往美國等因素拖累，被下放勞改，作品再度被禁，所幸後來獲得平反，從此也在越南擁有崇高的地位。

一九七八年，他的名曲〈昔日的豔麗〉（Diem Xua）被日本NHK連續劇《西貢來的妻兒》選為主題曲。台灣資深玉女歌星尤雅的〈吉他聲聲喚著你〉，就是從鄭公山〈昔日的豔麗〉原曲翻唱而來。一九九九年他接受法籍越裔導演陳英雄的邀約，參與電影《夏天的滋味》配樂工作，二〇〇〇年這部電影入選了法國坎城影展的推薦電影以及台灣金馬影展的推廣系列。在這部影片裡，你可以聽到鄭公山作品裡那份軟儂、單純而溫柔的特質。

鄭公山一生創作歌曲超過六百首，許多歌曲都被翻成英文、法文、日文，來自世界各地的粉絲有的與他近身接觸，有的乾脆當起譯者，有的以他為論文題材。

美國人富勒三十多年前就與鄭公山相識，從那時起，他便著手將鄭公山的曲子翻譯成英文，回到美國後他不僅可以隨心所欲用越文或英文自彈自唱，同時也藉由音樂讓美國人了解，越南人並不都像越共那樣可怕。富勒曾接受越南電視台的英文專訪，在攝影棚裡盡情地演唱他最愛的鄭氏名曲，現場氣氛讓人動容，尤其他的越語發音，更讓電視機前的越南人以爲鄭公山本尊再現！

訪談中，富勒提到二〇〇一年某次與友人搭著三輪車去找鄭公山，遠遠就看到一大群人，他以爲又有什麼精采的音樂盛事可以參與，一問才知，大師剛剛過世，他晚了兩個小時。

另一位德國粉絲哥爾克，一九九三年來到越南，因緣際會結識了鄭公山，兩人還在一九九七年歃血爲盟、義結金蘭。當時大師親自給這位日耳曼義弟取名爲鄭公龍，「鄭公」兩字想必來自鄭公山，而「龍」則來自哥爾克出生的生肖。這對哥倆好直到大師死前都維持著良好的友誼。

（左）鄭公山的書面資料滿滿一櫃，可以寫成一本碩士論文。
（右）鄭公山的自畫像頗有立體派的味道。從彈吉他的姿勢以及右上角那張有如希臘名導安哲羅普洛斯電影場景的照片看來，他絕對是一個異性緣極佳的才子。

傳唱不墜的行車音樂

聆聽鄭公山的歌，恐怕不好以現在流行歌曲的標準去論斷，你必須要以一種民歌的角度去欣賞，才能聽出那股屬於時代光影的韻味。

二〇〇一年四月一日，這位終身未娶的一代大師因糖尿併發症不幸病逝於胡志明市，享年六十二。

出殯當天，數千名群眾自動自發前往弔唁，有的步行有的騎車，隊伍綿延好幾十公里，據說是自越南國父胡志明逝世後規模最大的一場喪禮，英國ＢＢＣ、美國《紐約時報》都以專文報導。

二〇〇四年，鄭公山死後第三年，追贈獲頒「世界和平音樂獎」，也開始有人打算將他的生平拍成電影。正當這位國寶級音樂家長眠地下之時，鄭公山家族要求從二〇〇八年開始，所有演唱或播放鄭公山的作品都要抽取版稅，此舉一出，引發各界爭議，至今尚未平息。

無論如何，鄭公山的音樂仍然膾炙人口、傳唱不墜，隨便去一間越南唱片行看看，架上都陳列著他的專輯，而他的音樂即使到了現在，還是很多越南人行車必聽的歌呢！

●**鄭公山相關網站：**trinhcongson.foundation/

越南美術史

街頭油畫與九大藝術家群像

初到胡志明市的人，應該會對隨處可見的街頭畫室印象深刻。越南的複製畫如今已成爲一種觀光產業，畫師們爲了應付觀光客的需求，兩天便可臨摹好一幅梵谷的〈鳶尾花〉或克林姆的〈吻〉，甚至可將你的照片變成一幅豪華油畫。我也買過兩幅油畫，還目睹一群畫師在午休時間玩牌賭錢的熱鬧情景。

（上）常可在餐廳或逛街購物的地方，看到這種色彩飽和的越南油畫。

（下）胡志明市的畫室多半集中在機場附近與第一郡的五星級飯店區。

越南是現今東南亞畫壇中最多產的國家，我想這與當年法國統治越南採取愚民政策，卻又大力推廣美術教育有很大的關係。

一般說來，越南的油畫平易近人，容易看懂，但創意較弱，可能是因爲一九八六年越南改革開放之前，他們只有古典與印象兩派畫風，一些前衛的藝術思潮，例如抽象主義或極限主義，由於不是爲服務廣大的勞動人民而存在，因此有很長一段時間受到禁止。

一九二五至一九四五的啟蒙時期

越南近代美術史始於一九二五年，八十多年來共出現了九位最具代表性的巨擘，他們有的專攻絹畫，有的擅長油畫，有的投身磨漆畫，有的兼或有之，可同時駕馭兩種以上媒材。在二十世紀那段沉重的歷史中，他們紛紛跳出象牙塔走向民間，或訴諸個人情感、或對抗殖民悲情，使越南當代藝壇熠熠生輝。

一九二五年法國人塔鐸（Victor Tardieu）在河內創立了印度支那美術高等學校（Ecole Superieure des Beaux-Arts de I'Indochine）。做爲首屆校長的塔鐸，唯恐學生學了竇加、莫內、畢沙羅、雷諾瓦後，就忘記了越南傳統藝術，因此課程設計以歐洲油畫、雕塑爲主，越南漆畫、絹畫、建築爲輔。他的胸懷與遠見，成功地爲越南培育了第一批用西方繪畫技巧表達越南傳統情感的「四大才子」：蘇玉雲、阮祥麟、阮嘉智、陳文瑾。越南也因爲有了印度支那美術高等學校，開始與歐洲藝術思潮

（左）蘇玉雲油畫作品〈兩名少女與小孩〉，一九四四年。
（右）蘇玉雲。

有所接軌。

絹畫大師阮潘正（Nguyen Phan Chanh，一八九二——一九八四）

當年阮潘正就讀印度支那美術高等學校時，塔鐸發現他沒有畫油畫的天分，因此建議他轉往絹畫領域。

阮潘正運用西方繪畫技法為東方絹畫注入了一股抒情色調，透過細緻的絲綢展現越南傳統風格。他的絹畫作品在一九三一年的巴黎美展中獲得很高的評價，他也是第一位揚名海外的越南畫家，從此奠定了絹畫大師的地位，並讓越南絹畫成為一個獨立而迷人的畫派。

油畫大師蘇玉雲（To Ngoc Van，一九〇六——一九五四）

塔鐸沒有料到越南學生能對油畫這種高難度的媒材掌握得如此成功，其中最讓他驚喜就是蘇玉雲。蘇玉雲深受法國後印象派畫家高更的影響，被後人譽為油畫大師，也是外國收藏家最喜歡的越南畫家之一。

一九三一年他榮獲巴黎殖民地畫展金牌獎以及法國畫家協會頒發榮譽證書，一九三三年被選爲法國畫家協會會員並獲得越南工藝美術展覽獎殊榮。一九四五年蘇玉雲棄筆從戎，卻於一九五四年在奠邊府一役不幸爲國犧牲，成爲越南畫壇永遠無法彌補的一道創痛。

先油後絹阮祥麟（Nguyen Tuong Lan，一九〇六——一九四六）

阮祥麟受到新古典主義與印象派的影響很深，作品充滿個人風格與浪漫情懷。他的絹畫作品〈青春盛開〉，畫中那位年輕女孩坐在瓷椅上，深棕色的背景映襯著纖細優雅的姿態，完全將絲綢那種流動性的媒材展露無遺。在當年革命至上的主流輿論中，阮祥麟選擇了一條人煙稀少的小徑，因此長久以來世人對他較不熟悉，他也是四大才子中最早辭世的一位。

磨漆畫大師阮嘉智（Nguyen Gia Tri，一九〇八——一九九三）

阮嘉智的磨漆畫非常具有原創性，他以一種極爲細膩的技巧，把簡樸與華麗、繁茂與優雅、想像與眞實等對比元素，透過一層又一層的樹漆，轉化成猶如琥珀色般的純淨水面，並蘊含了一種節奏感與和諧美。在阮嘉智的大型屏風式畫作中，女性的形象無論是坐、立、俯、仰，或在花園捕蝶、拾花、散步，全都栩栩如生。

（左）阮嘉智磨漆畫作品〈春天的花園〉，一九七○年。
（右）阮嘉智。

全方位大師陳文瑾（Tran Van Can，一九一〇——一九九四）

曾榮獲德國藝術科學院授予通訊院士頭銜的陳文瑾，是一位能同時掌握油畫、磨漆畫、絹畫、木刻等多種媒材的全方位大師。他的畫作帶有十七世紀荷蘭寫實主義畫家維梅爾（Vermeer de Delft）的風格以及印象派的味道，擅長以曠達的筆觸表現生活周遭的事物，同時也忠實呈現了越南人民追求獨立的精神。

（上）陳文瑾油畫作品〈翠妹〉，一九四三年。
（下）陳文謹。

（左）裴春派油畫作品〈河內老街〉，一九八八年。
（右）裴春派。

一九四五至一九五四的抗法時期

一九四五年越南展開長達九年的抗法戰爭，在時代的轉輪中，印度支那美術高等學校也培育出「第二代的四大才子」，他們除了繼續追求歐洲繪畫的技法與探索越南本土文化的根柢之外，更重要的是他們對苦難的反思、對自我的認同以及對眞理的追求，直到現在仍深深影響越南當代的藝術家。

河內詩人裴春派（Bui Xuan Phai，一九二〇——一九八八）

裴春派以抒情見長，在西方享有很高的知名度。過去他因支持藝術自由而長期被當局打壓，還曾爲了換取食物而被迫賣畫。裴春派最著名的畫作是「河內老街」系列，透過牆上的苔蘚、古老的榕樹以及被時間腐蝕的紅磚屋頂，河內老街在他的筆下再次甦醒。越南畫家均擅長油畫，但他們同時也熱愛河內街景，想必是受到裴春派的影響。

鄉土大師阮思嚴（Nguyen Tu Nghiem，一九一八—二〇一六）

阮思嚴擅長運用表現主義與立體畫派的技法，呈現老廟、雕塑、木刻畫以及民族舞蹈等主題。他的「古代之舞」系列畫作，花了整整二十七年的時間，近乎考古的個性讓人動容。阮思嚴

（上）阮思嚴。
（下）阮思嚴膠彩作品〈古代之舞〉，一九六九年。

（上）阮生絹畫作品〈徵氏姊妹〉，一九七七年。
（下）阮生。

將樸拙的鄉村意象融入畫作中，爲後輩開創了一條鄉土風景之路。

愛國畫家阮生

（Nguyen Sang，一九二三——一九八八）

阮生的作品構圖簡單，線條強烈，用色大膽，反映出率直奔放的南方人性格，同蘇玉雲一樣，他也曾親自加入武裝戰鬥行列。阮生最著名的畫作是「八月革命」系列油畫，但他也有很抒情的作品，而他對磨漆畫的掌握與油畫一樣成功。

古典畫家楊碧連（Duong Bich Lien，一九二四——一九八八）

楊碧連以古典風格見長，擅長女性人物的肖像，在幾位大師中是最忠於學院派的畫家，自始至終都沒有離開印度支那美術高等學校那個世代的浪漫畫風，可惜最後卻走上酗酒一途。楊碧連雖然從未畫過自己的肖像，但他的畫風卻相當自戀，似乎活在自己的世界裡，透過形式與色彩跟

（上）楊碧連油畫作品〈肖像〉，一九八〇年。
（下）楊碧連。

自己獨白。

一九五四至一九八五的越戰與後越戰時期

一九五四年越南在奠邊府擊敗法軍後，根據日內瓦會議，越南展開了前後長達二十一年的南北分裂時期。一九五五年，南越成立西貢美術學校（今稱胡志明市美術學院），是南方首次建立能與北方匹敵的美術學校。

一九七五年南北越正式統一之後，整個藝壇進入共產主義的樣板宣傳期，一切都以政治服務爲最高目的。

一九八六迄今的改革開放時期

越南在一九八六年實施經濟改革開放，一個嶄新的階段就此展開。有些畫家開始探索抽象主義、極限主義，有的則大膽慶祝出櫃。另外有些畫家則開始用畫筆勾勒出理想中的

（左）越南人的藝術天分，從這台新婚摩托車可看出一二。
（右）街頭上常看到這種共產味道的政令油畫。

桃花源，如陶海防（Dao Hai Phong，一九六五—）。

我個人很喜歡陶海防的油畫作品，他有一種看似甜美實則孤寂的童心，可能跟他主修電影的背景有關，他也是近年來很受外國買家喜愛的越南畫家。

現在年輕一輩的越南畫家可以在國內外的藝廊賣畫維生，不用再像過去老一輩的畫家，必須仰賴政府的鼻息才能購買顏料與畫筆。隨著改革開放，越南政府也正式將印度支那美術高等學校創立的一九二五年，定義爲越南近代美術史的新元年。

陶海防油畫作品〈蓮花池〉，二〇〇六年。

國寶磨漆畫

鬆揉漆汁與鑲嵌蛋殼之作

有人送我們一幅色彩鮮豔、重量不輕的越南畫，乍看有油畫的紋理又有貝殼的拼貼，表面還上了一層膠狀物。沒多久，我在網路上看到梁朝偉對越南畫家裴春派非常傾心，曾用五千美金購得他的作品，又看到吳淡如也喜歡收藏越南油畫，這下子，我突然對那幅來路不明的畫產生好奇，搞不好它出自名家？說不定很值錢？愈想心愈癢，決定好好找出它的身世，但上哪找線索呢？胡志明市美術館應該是不錯的選擇。

鑲了金箔的磨漆畫，很多高級餐廳都用它來裝飾。

胡志明市美術館的國寶畫

雖然胡志明市美術館的軟硬體無法與世界一流的美術館相比，但如果你知道美國總統柯林頓曾不遠千里到此一遊，就不得不對它另眼相看了。

胡志明市美術館共三層樓，四十五間房間，我在館內二樓看到了越南國寶「磨漆畫」（越文Son Mai，英文 Lacquer Painting），似乎與我家那幅畫使用的媒材有點相近。

漆是一種具有保護性質的天然塗料，將經過處理的漆汁塗在器物上，器物就不易損壞，過去在亞洲各國普遍用於食器、武器、樂器、家私、棺木以及廟宇佛寺等。然而，漆畫從來都不是一門獨立的藝術，到了二十世紀，越南河內逐漸將漆畫發展成一種繪畫性的語言，不但脫離了工藝的地位，同時也發展出相當高的藝術價值，甚至成爲蜚聲國際的越南國畫，也就是所謂的「磨漆畫」。

越南磨漆畫能發展得這麼成功，要歸功於當年河內印度支那美術學校的一位法籍老師：英古柏迪（Joseph Inguimberry）。

一九三〇年某一天，英古柏迪去參觀河內的文廟，他對廟

胡志明市美術館的磨漆畫展，非常值得一看。

（左）阮嘉智磨漆畫，〈春天來到越南中部、南部與北部〉局部，一九七〇到一九九〇年。
（右）阮嘉智磨漆畫裡的梳頭仕女。

中那些年代久遠的漆藝古物留下非常深刻的印象，回到學校之後，便把漆藝與學校的課程相結合，開啟了越南漆藝入畫的新階段。在他的學生之中，又以阮嘉智的表現最為突出。

層層髹上的漆色，加上鑲嵌了蛋殼的冰裂紋路，在時間的淬煉下閃耀著一種魚鱗般的光芒。這種既厚重又耐看的畫作，呈現出漆的黑、朱的紅、金的黃、銀的灰，以及蛋殼的白等各種原色美，同時也蘊含了東方美學那種含蓄神祕的氛圍。

古典磨漆畫大師：阮嘉智

阮嘉智當年就讀印度支那美術學校時就已顯露極高的才情（但他沒畢業），在磨漆畫方面主要師事英古柏迪和丁文清（Dinh Van Thanh）。

阮嘉智的磨漆畫有一種精巧繁複的阿拉貝斯

克風格，甚至帶有淺浮雕的味道在裡頭，至今無人能出其右。他還運用西方技法，為傳統磨漆畫開創了新的用色法，舉凡銀白色、亮橘色、天空藍等，都是傳統磨漆畫中從未使用的顏色。

阮嘉智的作品大多收藏在河內的美術館，胡志明市美術館有一幅他的巨作〈春天來到越南中部、南部與北部〉，這幅屏風式的大型磨漆畫作品被譽為「鎮館之寶」。阮嘉智大膽使用粉紅色為底色，巧妙的以花草植物做為分隔單位，象徵越南的北部、中部與南部，三人一組的婀娜仕女穿著美麗的越南旗袍，優雅地在花園嬉戲，整個畫面栩栩如生、躍然畫上。

二十世紀的五、六〇年代是越南磨漆畫的黃金時期，因為這段期間越

在胡志明市統一宮的二樓，有間前南越總統府的「國書遞交室」，裡面用四十塊木板組成了一幅四十平方公尺的巨型漆畫，搭配花草圖案、幾何造型的漆桌、漆椅、漆燈、漆壁等，氣派非凡。

南先後歷經了抗法與抗美戰爭，民族意識高漲，磨漆畫順勢成爲越南人追求獨立自由的表徵。一九五七年後，磨漆畫漸漸成爲北越畫壇主流，中國總理周恩來還曾於一九六二年派遣留學生到越南學習磨漆畫技術。

早期的越南磨漆畫是伴隨西方美術教育而發展起來的，因此造就了一批左手畫油畫、右手畫磨漆畫的兩棲畫家。直到今日，許多中、新生代的越南畫家不但延續了前輩這種雙主修的精神，同時也在更自由開放的文藝思潮中，創作出許多具有抽象意境的作品。

涂春端（Do Xuan Doan）是阮嘉智的嫡傳弟子，從十三歲就開始跟阮嘉智學畫，至今創作不墜；黎煌阮（Le Hoang Nguyen）以磨漆畫拿下一九九七年 Philip Morris ASEAN Art Awards；阮克修（Nguyen Quoc Huy）則衷心企盼聯合國教科文組織能把越南磨漆畫列爲世界文化遺產……

繁瑣的創作與簡易的保養

磨漆畫的創作過程宛如一場苦行，光是打底就必須在髹漆(用刷子在器物上均勻地塗抹，髹的次數愈多，漆開得愈漂亮)、待乾(必須要熱乾而不能陰乾)、打磨等步驟中重複。打底的過程可以確保畫作不受溫度與溼度的侵襲，不易斷裂或損毀。

作畫時，得先在板上畫出草圖，放入鴨蛋殼或珠母貝黏好，然後再重複髹漆、待乾、打磨的步驟，有時必須費時好幾個月，有時要髹上好幾十層。

接著進入難度最高的刮磨階段，畫家必須全神貫注、小心翼翼的刮掉他不要的色彩，但是不同的色料往往上在不同的漆層，因此畫家必須牢記是在哪些漆層，如果磨得不夠，主體形象顯現不出來；如果磨過頭，整幅畫可能因此破相；反之，若磨得好，往往會在不同顏色的交界地帶展露一種非常抽象且出人意表的細微變化，增添豐富的色譜與意境。

最後，還得將畫作放進水裡搓磨直到表面平滑爲止，然後再上一層金箔，讓整幅作品有視覺重心，好像會自動打光一樣。

遵循傳統古法製作的磨漆畫據說可以保存好幾個世紀不會變質或毀損，而且放置的時間愈久顏色愈美，因此磨漆畫可說是東西方繪畫裡，最能象徵永恆意義的畫種。平日，磨漆畫的保養非常簡單，不要放在太陽直射處，如果有灰塵就用軟溼布擦拭即可，閒來無事時還可

（左）胡志明市的NGA漆器藝品店，從家飾、花瓶、檯燈、壁飾、漆畫、西洋棋盤應有盡有，標榜店內所有藝品都上了十八層漆。
（右）胡志明市美術館的中庭或後院，有幾間專門販售越南油畫與磨漆畫的畫廊。

用我們的雙手去磨亮它，據說像養壺一樣，愈磨愈亮。

最好的越南紀念品

看過越南磨漆畫的相關資料之後，我覺得我家那幅畫應該不是學院派的作品，這下子我的腦筋轉到了賣漆畫的高級藝品店。幾經波折，最後終於在NGA看到它的同類，店員告訴我它的售價是美金一百六十元，屬於裝飾漆畫的一種。我家那幅畫的身世與身價至此終於眞相大白，雖然不是國寶畫作，我的藝術大夢也宣告幻滅，但我並沒有空手而回。

一般人到越南旅遊買的紀念品不外乎斗笠、三輪車、胡志明肖像T恤、越戰狗牌打火機等，但我覺得越南的漆畫或油畫其實是很好的選擇，我尤其欣賞漆畫用蛋殼鑲嵌來表現白色部分，還襯著銀箔或金箔，那種冰裂的紋路眞是自然雋永。

一幅三十乘三十公分的漆畫作品大約美金五十元起跳，還附畫家簽名證書。也有人拿著奧地利建築師白水（Friedensreich Hundertwasser）絢爛多彩、螺旋線條的畫作，請越南畫師照圖訂製一幅漆畫，當然啦，訂製的價格自然貴好幾倍。無論如何貨比三家還是不吃虧囉。

●**胡志明市美術館**：97A Pho Duc Chinh, Distrct 1　●**NGA漆器藝品店**：41 Mac Thi Buoi, District 1

艾索拉舞團

讓阿嬤奪回青春的〈旱・雨〉

艾索拉舞團（Ea Sola）的〈旱・雨〉大概是全世界舞者年紀最大的舞蹈作品，曾被《紐約時報》、英國《衛報》、愛丁堡藝術節報導過，林懷民也在二〇一二年邀請艾索拉來台演出。

表演時，越南老婦手持死去親人黑白照片的那一幕，跟雲門舞集的〈家族合唱〉有異曲同工之妙，更讓人感覺這位享譽國際的法籍越裔編舞家與台灣的共同交集。

享譽國際的法籍越裔編舞家艾索拉。

來自越南森林的艾索拉

艾索拉（Ea Sola Thuy），一位越南與法國的混血兒，成長於越南南部高原的林同省，父親是越共，母親則是法國人。她出生後越戰開打，母親哄她入睡時不是數綿羊，而是數著炸彈聲。

我本以爲，艾索拉的童年會因此蒙上陰影，但她卻說，她的成長環境是美好的，在森林裡長

〈旱．雨〉使用黑白老照片，跟林懷民的〈家族合唱〉有異曲同工之妙。（©Ea Sola）

大，而那是一個美麗的宇宙。

一九七四年越戰如火如荼，她的母親帶她去了法國，而她後來則移居巴黎。

如今，這位走遍全世界的美麗編舞家，早已不再是當年森林裡的小女孩，對於媒體給她的藝術家封號，她顯得有些猶豫，她說：「我不是知識份子，我來自森林，我只上過三個月的學。」我去過林同省，看過那裡的秀麗山川，我想我有點了解她所謂森林給她的啟蒙與影響。

艾索拉不願透露年齡，但她說過，十二歲的時候彷彿已經活過了一輩子，因此我猜想，她大概是在青春期時離開了從小生長的越南。

用身體反抗巴黎的寶貴經驗

回憶起剛到巴黎時，艾索拉說，那是一個無力招架的壓倒性衝擊，看到那麼多面孔、街道、建築物，一切變得機械化和可怕，她開始覺得生命失去系統。貧窮和失根讓她特別想念越南，不斷回想越南從前和平的樣子。她對自己說，我是我，我不屬於這裡，我不是你們的一份子。艾索拉必須透過反抗來拯救自己，於是她開始每天在巴黎街頭站立不動，一天站個六、七小時。

這個反抗的經驗開啟了她日後的藝術道路。當她看到圍觀群眾的反應時，她發現了控制節奏、張力、空間以及對付自己的方法。有一天，一群藝術家告訴她，她的舉止是一場表演藝術。

巴黎藝術家中，最早發現艾索拉的是日本舞踏大師田中泯（Min Tanaka），他在日本創辦了一個農場，艾索拉後來也在他農場的

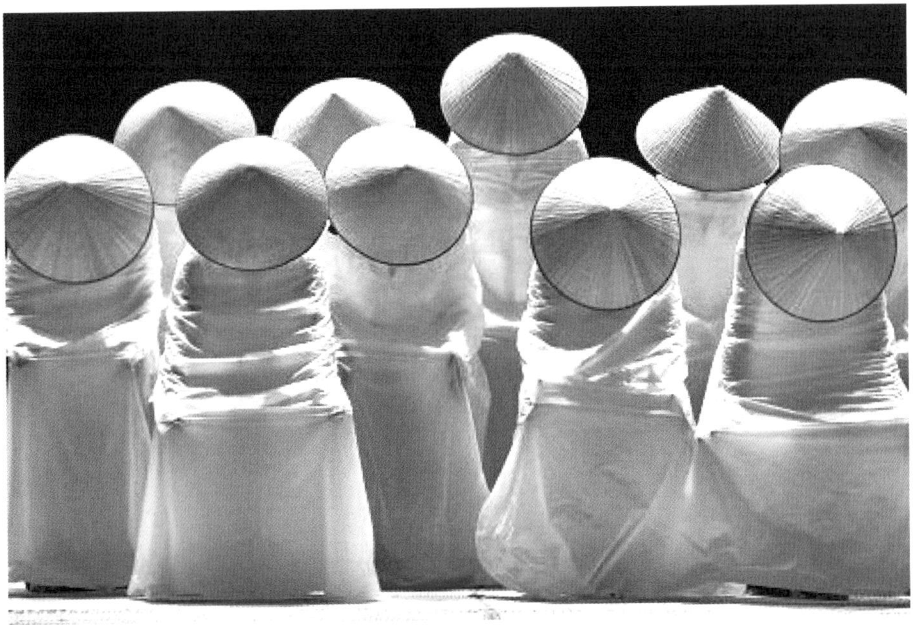

艾索拉舞團劇照。（© Ea Sola）

稻田裡生活過一段時間。作曲家李格第（Gyorgy Ligeti）同樣給了艾索拉鼓勵與信心，讓她勇於追求自我的記憶與意識的探索。另外，她也參加過Jerzy Grotowski的工作坊。

一九八〇年代中期，艾索拉在歐洲各處做街頭及地下表演，引起了風潮。她發現歐洲人對越南的認識僅限於戰爭和春捲，因此希望用舞蹈替越南做點事情。

終於，一九九〇年，越南改革開放後第四年，她獲得了法國文化部與外交部的補助，多年來返回越南的夢想成眞，她決定回到越南進行創作。

這是艾索拉在越戰後第一次回到魂牽夢縈的家鄉，滿心期望看到和平的樣貌，但當時供電不足的越南整個是黑的、悲慘、滿目瘡痍，戰爭與貿易禁令摧毀了一切，她邊哭邊親吻著大地。

即使如此，艾索拉對故鄉的好奇心仍不斷燃燒，她回憶起童年在林同省時，有些北越來的人爲她們唱歌，對她來說，北越是越南文化的搖籃。爲了創作，她前往紅河三角洲的偏遠地區，花了五年時間研究越南傳統文化，包括音樂、舞蹈和各種藝術。

阿嬤們的〈旱・雨〉

艾索拉在農村進行調查研究的過程中，遇到了一群年齡從五十到八十歲的婦人，她們年輕時曾是祭祀和節慶的舞者。在越南農村，只有處女才能跳舞，一旦她們結了婚就得把舞蹈傳承給下一代，不再跳舞。

〈旱・雨〉片段。（© Ea Sola）

這群老婦人一輩子沒上過舞台表演，但她們立即熱情地接受艾索拉給予的挑戰，參與〈旱・雨〉的創作。

「當初這些爲了戰爭而揹上機關槍的女人，如今成爲傳統的守護者，」艾索拉這麼形容，「我了解到，我的工作對這群女性來說，無比的眞實和絕對，要讓作品忠實呈現的方法，就是讓這些婦人實際參與演出。」

由親身經歷過戰爭的舞者來跳舞，呈現出另一種人文遺跡，我想恐怕是全世界舞團少有的紀錄與嘗試。編舞試演時，本來預定二十五名舞者，不得已減到十四人，因爲當中有些阿嬤的身體狀況無法負荷。

〈旱・雨〉講述的是太陽神和雨神企圖駕馭人類的故事，影射越南人的命運來自氣候與戰爭上的無止境對抗，必須奮戰求生存以超越悲劇。艾索拉找來越南嘲劇（Cheo）大師阮春山（Nguyen Xuan Son）參與音樂創作及編曲，也邀請越南當代詩人阮惟（Nguyen Duy）撰寫歌詞，運用紅河三角洲傳統打擊樂器、弦樂器與圓形的越南月琴合奏，共同搭配舞蹈演出。

〈旱・雨〉片段。（© Ea Sola）

一九九五年，〈旱・雨〉在歐洲首演並巡迴世界演出，舞者最年輕的超過五十歲，最老的超過八十歲，是名符其實的阿嬤團。艾索拉回憶，「這些老婦人從未離開過她們的村落，平常都是赤腳走路，沒搭過車，更別說飛機了。她們嚇壞了，有人嘔吐，但依然堅持參與演出。其中一位七十幾歲的婦人健康狀況禁不起長途旅行，但她央求我帶她一起去，結果她的演出棒極了。」

舞作成功演出，有的評論家極爲讚賞，也有人懷疑甚至帶點侮辱，但最重要的是，艾索拉的努力獲得了越南文化部的支持，從自己的故鄉得到力量才最眞實。透過這齣舞作，艾索拉不只對她流亡巴黎的歲月做出了補償，也成爲一個眞正的原鄉人。

關於這群阿嬤舞者，我想提一個可愛的插曲。

在國外演出時，她們拒收觀衆的小費，還特別收集一些空瓶子帶回越南，你知道她們要幹嘛？她們要帶回家裝魚露呢。演出結束後，這群老婦人照樣回到越南鄉下過著平淡的生活，當然在村裡難免也會白頭宮女話當年一番囉。

奪回自己的青春

〈旱．雨〉於一九九六年第一次到美國巡演，對艾索拉來說，這是非常複雜的感受，越戰的侵略者不就是美國嗎？但當她看到白髮的美國觀衆落淚，當她看到舞者並不仇恨美國反而是高興時，她知道所有的苦難皆已逝去，雙方都不再受苦了。爾後，艾索拉的其他舞作也曾到美國各地巡迴表演，頗受好評。

二〇〇五年，艾索拉爲〈旱．雨〉創作了第二個版本，她想和戰後出生的年輕世代合作，因此由越南河內國家芭蕾舞團的舞者擔綱演出。

二〇一二年〈旱．雨〉有了第三個版本，是應英國愛丁堡藝術節邀約製作的，這次艾索拉找來一群比第一代阿嬤略爲年輕的舞者，這群婦人雖然沒打過越戰，但她們年輕時曾勞軍唱歌，撫慰傷員，因此給了艾索拉另一個創作畫面，用歌聲來凝聚舞團畢竟比槍桿溫柔美麗吧，這也是台灣觀衆二〇一二年看到的版本：婦人蹣跚地穿過舞台，彎腰的動作是從稻田的意象而來，身體後仰宛如風中的蘆葦……

〈旱・雨〉片段。（© Ea Sola）

「越南社會對女人並不寬容。」艾索拉說，越戰讓越南家家戶戶都有可憑弔的亡者，但舞作有些方面表達了衝破禁忌的奔放快感，比如傳統越南已婚婦女並不會隨便放下自己的頭髮，但當舞者解開頭髮大力搖晃直到舞台陷入一片黑海，彷彿女人拋開了多年的壓迫，得到了解脫。

我想，〈旱・雨〉不只是一齣表達抗爭、記憶或苦難的舞作，艾索拉應該是希望觀眾能夠透過舞蹈，學習寬恕、學習超越，特別是女人，更要學習如何在困難中奪回自己的青春！

蜜月勝地大勒

外國小說家最鍾愛的山城

還記得莒哈絲在《情人》裡提到的室友海倫嗎？這位西貢寄宿學校的室友正是來自大勒（Da Lat），而海倫從她母親那裡偷來的櫻桃紅唇膏，無意間印上了莒哈絲十五歲的唇，成就了那場湄公河上的渡輪邂逅。

日本作家林芙美子（Fumiko Hayashi）的《浮雲》則發生在二次大戰的越南，女主角由紀子就在大勒愛上了管理森林資源的男主角富岡，從此落入一段至死方休的悲歡輓歌。還有格雷安．葛林，透過《沉靜的美國人》裡一位小人物表達出大勒的美，讓他想到了英國故鄉的湖區。

爲什麼這些世界級的作家紛紛提到大勒？台灣也曾上映一部以大勒爲背景的韓國驚悚片《替

越南最美的湖畔花園在大勒，皇宮旅館。

大勒山城。右方兩座和諧的山峰，傳說是古代一對名叫蘭與賓的戀人殉情所在地，事實上這兩座山頭距離好幾十公里。

屍鬼》，到底大勒有什麼魅力？能讓這麼多人魂牽夢縈？

亞洲唯一獲選蜜月勝地

全球知名旅遊出版公司孤獨星球（Lonely Planet）曾精選世界八大蜜月勝地，亞洲只有一個地方入選，出乎意料之外，它既不在日本也不在泰國，而是越南一座被譽爲「霧靄之城、常春之城、愛情之城、松濤之城、萬花之城、狩獵之城、小瑞士、小巴黎……」的小山城：大勒。

關於大勒的地名頗有淵源，來自一句拉丁文縮寫：Dat Aliis Laetitiam Aliis Temperiem，意思是「將喜悅與清新施與他人」。

據說在越戰期間，法國曾要求美軍不要轟炸大勒，因爲這裡埋藏了許多老一輩法國人的記憶與品味：尖斜的屋頂讓人期待一場大雪，老式壁爐讓人跌進童話的場景，迴盪的松香讓人恨不得多長一對肺葉。

每年十二月，哥德式的教堂、別墅群的煙囪、最應景的聖誕紅以及迷你版的巴黎鐵塔，把大勒妝點得宛若一座歐洲的耶誕小鎮；接著一月是白色咖啡花的季節，漫步在山勢起伏的坡路，花香會沁潤你每一寸肌膚。

有句話說「在河內品人，在芽莊看海，在會安聽雨，在大勒賞霧」，清晨的大勒彷彿是霧都的少女，如果你在日出時起身散步，如果你親眼目睹飄過的雲靄瞬間在草地上凝結成薄翅狀的露珠……。

微生物學家與印度支那總督欽點的避暑勝地

大勒位於胡志明市東北方約三百公里的林同省（Lam Dong），海拔一千五百公尺，全年均溫十八度。「大勒」在當地原住民語中是「水都」的意思，因爲四周有很多的瀑布。

一八九三年，原籍瑞士的法國微生物學家葉赫森博士，據說爲了尋找止血良藥「金狗毛」無意間發現了這個世外桃源，這裡的美景讓他想起了夏季的阿爾卑斯山。

葉赫森恐怕是少數眞正熱愛越南的統治階級。一八九〇年起，葉赫森受印度支那總督保羅・杜梅（Paul Doumer）委託，深入越南與柬埔寨各地進行沼澤與叢林的探險考察。他曾說，在嘗過自由開闊的探險生活之後，巴黎的研究室生活早已離他遠去。

葉赫森在芽莊自闢農場，引進品種優良的橡膠、稻米、玉米、咖啡，以及金雞納樹（可提煉治療瘧疾的奎寧），這些創舉對越南的農業改良有很大的影響。一九〇二年，他在河內創立第一所越南醫學院，爲越南培育了第一批公共衛生的本土人才。葉赫森於一九四三年與世長辭，死後葬在他最愛的芽莊，越南人民爲緬懷他的恩澤，暱稱他爲Ong Nam，意思是「五叔」。

葉赫森發現大勒之後，向當時的總督建議將此地開發成一個避暑度假中心。一幢幢的法式建築便如雨後春筍般，沿著山城最低點的春香湖（Xuan Huong Lake）陸續興建，據說共有三千五百多棟，且無一相似，風格多以裝飾藝術與包浩斯學派爲主，而且堅持使用法國

大勒一隅。

科西嘉的石砌技術與諾曼地的木造工法，講究之處可見一斑。經歷百年歲月流轉，遂形成大勒今日這番浪漫多情的風貌。

大勒皇宮旅館

在大勒所有建築中，大勒皇宮旅館（Da Lat Palace）無疑是最閃耀動人的一顆鑽石，現今大勒市的發展都以它爲中心向外擴散。

大勒皇宮旅館建於一九二二年，前身叫做蘭賓皇宮旅館（Langbian Palace），開幕之初，一晚房價約二十美金左右，是當時全東南亞最頂級的奢華旅館。一九七五年北越解放南越後，旅館曾荒廢了好長一段時間。一九九〇年後外資陸續投入資金整修，才有今日既懷舊又嶄新的面貌。

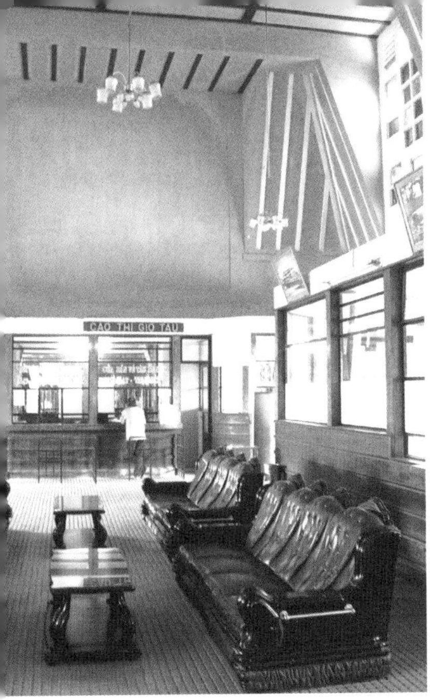

（上）大勒舊火車站，即使沒落仍舊貴氣，此時若能叫一盒台鐵或池上便當就更完美哩。

（中）超過百年歷史的大勒皇宮旅館。勞勃狄尼洛、丹麥王子亨利都住過。

（下）從三樓枝形吊燈俯瞰大勒皇宮旅館。

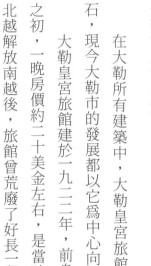

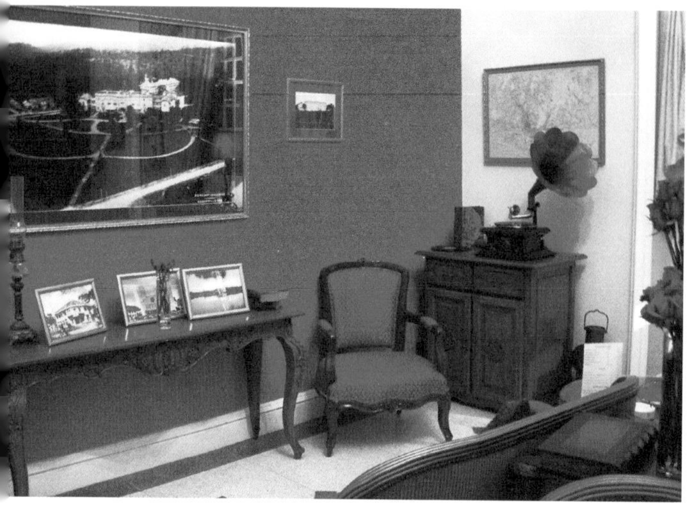

（左）玫瑰書房。牆上那幅放大的黑白照片，正是大勒皇宮前身。
（右）大勒皇宮旅館大廳。

站在旅館前的石板路，遙想當年法國人達達的馬蹄聲穿梭其上，如今馬車不再，取而代之的是一輛金黑色的雪鐵龍鎮守大門。拾階而上，四十三間客房、三層樓高的米白色建築面向新月形的春香湖，坐落在新綠的草坪與參天的松林裡，湖光山色，景致優美。

旅館裡的服務人員無論男女，個個氣質出衆，光是看他們點頭微笑、招待賓客已是一大享受。無論您要單車環湖、馬車遊城、打高爾夫或徒步松林，他們都可代爲安排。但我由衷覺得，光是待（呆）在旅館裡哪兒也不去其實就很值得，難怪適合度蜜月的新婚夫妻。

步入大勒皇宮旅館，好像是走進一座藝文沙龍與世紀博物館，每個角落都散發出一種富麗堂皇、尊爵再現的貴族氣息：瓷器花瓶、枝形吊燈、椅把扶手、白色海芋、赭紅地毯、挑高空間，這正是我期待中的法屬印度支那氛圍，只怕一生只來這麼一次。以現在標準來說，這裡的大廳也許不夠氣派，但是沾染了時光印記的老地磚，營造出一種舊世紀緩慢的溫暖情調。

旅館內收藏了五百幅越南畫家複製的尼德蘭畫派或印象派的油畫作品，置身其中彷彿瀏覽法國總督的私人畫廊。棕色光亮的木頭地板，走在上面還會嘎吱作響，也許當年那些夜夜笙歌、手持絹扇的法國貴婦也曾這樣走過。

旅館內附設的會議室或宴會廳，清一色以法國畫家命名，例如：高更廳、塞尚廳、莫內廳等。還有一間「玫瑰書房」，裡面擺設得非常高雅：新鮮的玫瑰花束、古老的留聲機唱盤、發黃的原文書頁、皇家的手繪地圖、溫暖的煤油提燈……。

「一生應該住一次這樣的房間！」在我看過大勒皇宮的客房擺飾後不禁這樣感嘆。法式長窗、復古電扇、繡字床單、轉盤電話……無一不是最原汁原味、最道道地地的法國風格。最驚喜的莫過於房內的專屬壁爐，冬天的大勒最低溫只有三度，可惜我去的那幾天不夠冷，想要聽著啪啦啪啦的烤火聲入眠，只能等待下次了。

房內大量使用了黃銅製品（據說可有效降低細菌的附著量），從叩門把手、鑰匙孔蓋、電燈開關、浴缸蓮蓬頭、洗臉台水龍頭，甚至衛生紙的捲座都是黃銅材質，我從沒想過這種帶點銹綠色的金黃材質會把我迷得如此團團轉。

拉伯雷餐廳（Le Rabelais）恐怕是全越南最浪漫的餐廳，它可能是以法國文藝復興時期作家、醫生與人道主義者拉伯雷（Francois Rabelais）來命名。主廚使用法國進口食材並搭配大勒的當令蔬果，

（上）大勒皇宮旅館拉伯雷餐廳。
（下）用賣火柴的小女孩心情，看拉伯雷餐廳。

料理品味自是一流。

每晚餐廳都有鋼琴演奏，我到的那夜剛好是德布西的〈月光〉與蕭邦的〈第二號夜曲〉，悠揚的琴聲順著樓梯，緩緩向上傳遞到整個旅館。餐廳外面有座露天陽台，坐在白色滾邊的鐵椅上，望向翠綠的草皮與寧靜的湖水，這兒的早餐與午茶恐怕少有地方能夠相比吧。

大勒九景之美

在介紹了大勒的開發史以及最佳住宿地點之後，大勒還有美國《高爾夫文摘》連續三年評爲亞洲最美麗、也是全越南最好最老的皇宮高爾夫球場、曾被《紐約時報》專文推薦的龍華小館（Long Hoa Restaurant）等景點，下一頁就以圖片的方式帶您神遊大勒吧！

- **大勒皇宮旅館：**12 Tran Phu, Da Lat
- **大勒皇宮高爾夫球場：**Phu Dong Thien Vuong, Phuong 1, Da Lat
- **龍華小館：**6 Duong 3 Thang 2, Da Lat

客房窗邊，適合寫信給遠方的戀人。

大勒怪屋。以樹屋、磨菇、蕨類、蜥蜴、蜘蛛、骷髏頭為空間主題，越南女建築師鄧越娥（Dang Viet Nga）的風格讓人聯想到西班牙建築大師高第。

（左）大勒纜車。二〇〇二年正式營運，是全越南長度最長、海拔最高的纜車，坐一趟需時十二分鐘。纜車搭乘處有一個視野遼闊的平台，可俯瞰整個大勒山城。

（右上）大勒教堂。建於一九三一年，因塔尖站了一隻風信雞而得名。磚紅色的外牆、四十七公尺高的尖塔、七十片彩繪玻璃的裝飾，賦予這座教堂一種中世紀的味道。

（右下）大勒鐵塔，襯著那個外國佬很有風味。

（上）大勒舊火車站。建於一九三八年，是全越南最古老的驛站建築，也是法屬印度支那最美麗的火車站。童話般明亮色系與鋸齒狀的風車造型，木造的候車室鑲嵌了彩色玻璃。
（左下）大勒大學，很可能是越南環境最好的大學。創立於一九五七年，當年是一所貴族天主教私立大學。全越南唯一一座核子反應爐研究中心就設在大學附近。
（右下）法屬時期以人工開鑿的新月形湖泊，以越南十七世紀的女詩人胡春香（Ho Xuan Huong）命名。春香湖畔有一間風景絕佳的清水餐廳（Blue Water），坐在棧道的位子用餐或午茶，最是愜意。

（上）越南阮朝末代皇帝保大（Bao Dai Emperor，一九一三－一九九七）的夏宮。建於一九三三年，樓高二層，共二十五個房間，完整呈現當年七位皇室家族的起居生活。
（下）傍晚走一趟大勒市場，你會驚喜的發現：豆漿飄著香茅、牛奶加了肉桂、草莓沾了奶油，還有保肝的阿迪蘇茶、野味的鹿肉乾，以及傳承法國釀酒技術的大勒紅酒。

第三部

食樂札記

那些我所鍾愛的越南料理與用餐氛圍

越南美食面面觀

在我那個年代，很多人的越南菜啟蒙都來自台北公館附近的翠林餐廳。等到我自己來到越南吃過許多越南菜以後，才發現越南菜其精緻化、國際化、時尚化已經遠超越我們的想像。特別是近幾年來許多法屬時代的老建築都被改成庭園餐廳，都是享受越南美食最好的叩門磚。

你可能走進繁茂的庭園植物與深邃的狹長小徑，前方有小橋流水，中庭是民族風味造景，後方則是雕花鏤空的天光屋頂，還有水上用餐的亭榭設計，北緯十度的綠洲。一進門，南

味道分明的春捲。左邊兩種蘸魚露，右邊兩種蘸花生醬。

洋芭蕉葉襯著木格窗櫺與瓜型燈籠，漆畫、絹畫、刺繡、木雕、牌匾、屏風、銅鑼、陶缸、鮮花以及吳哥石雕等，像是僕人般在你眼前謙卑地展開，低調的華麗完全不會讓你有蹙眉之感，晚間還有古典音樂與傳統越南音樂的現場演奏，樓梯間一盆含苞蓮花正伸著懶腰。

生春捲與炸春卷

你知道越南春捲曾在越戰時被越共做爲傳遞情報膠捲的工具嗎？越南春捲變化菜式可高達六十多種。我很喜歡生春捲（Gỏi cuốn）這道用泡水後的米皮夾入豬肉、蝦，蔬菜，粉條的清爽涼菜，吃起來透著蔬菜的翠綠與蝦子的粉橘，另外炸春卷（Chả giò）也很常見，用豬絞肉、香菇，紅蘿蔔當內餡，包成一捲一捲下去油炸。每個捲，都有自己專屬的沾醬，最

（左）清爽的柚子蝦沙拉。
（右）生春捲比炸春捲更清爽健康，且香氣逼人，蝦子的顏色在透明的米皮下隱隱透出。

常見的就是魚露與羅望子醬，常常上了三道菜之後大家就搞不清楚哪一盤沾哪一個，乾脆隨人歡喜，桌上常常免費提供一大盤新鮮蔬菜，除了我們熟悉的豆芽菜、九層塔、萵苣菜、黃瓜片、芫荽、秋葵之外，還有楊桃片、紫蘇、薄荷、蓮花莖、空心菜鬚、香蕉花鬚、香茅等。

柚子蝦沙拉

一瓣瓣剝好的柚子果肉彷彿晶瑩的淚珠，蝦子煮熟切成薄薄兩半，拌入香菜、薄荷、辣椒、洋蔥絲、醃製胡蘿蔔絲等，淋上魚露檸檬，這便是柚子蝦沙拉（Goi Buoi Tom）獨有的清新夏日記憶。

香茅蝸牛

混合了絞肉、蝸牛肉、香菇末、大蒜、香茅

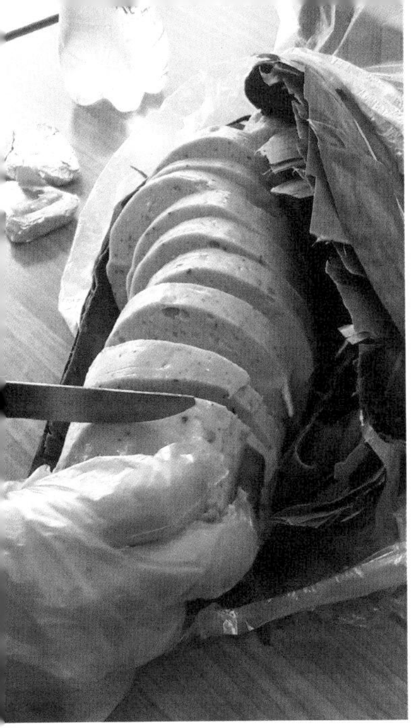

（左）賣越南火腿的老闆正在切片。（© Phương Huy / Wikimedia Commons）
（中）越南中部名菜甘蔗蝦。
（右）香茅蝸牛上桌時香氣四溢，用牙籤輕挑，口感微辣。

的「香茅蝸牛」（Ốc bươu nhồi thịt），上桌時香氣四溢，曾讓懷孕時的我一殼接一殼，完全忘記孕婦有些東西應要禁食。

甘蔗蝦

甘蔗蝦（Chạo tôm）是一道起源於順化（Hue）的宮廷菜，將調味好的蝦泥裹覆在切成小段的甘蔗上，下油鍋炸，蔗甜與鮮蝦相得益彰。

越南火腿

越南火腿（Chả lụa）起源十九世紀法國殖民時期，越南人從法國人那學到的肉類加工法，把豬肉泥、黑胡椒，魚露等混合後，用香蕉葉包成圓柱形類似粽子煮熟。切片後擁有樸實的原色，通常搭配越南三明治或麵點食用。

煎餅

越南煎餅（Bánh xèo）類似一種輕薄通風的大型可麗餅，越往南方走，煎餅的直徑越大，有些甚至超過十五公分。放入薑黃粉與椰奶的外皮吃起來滋滋作響，裏頭的餡料有著豬肉、蝦、豆芽菜、九層塔、紫蘇、薄荷、辣椒、蘑菇、楊桃片等，有些人推測這道菜的靈感來自南印度美食或來自占婆文化。

不敢吃鴨仔蛋

我始終不敢嘗試鴨仔蛋（Trứng vịt lộn）。根據《印度總督派往暹羅和交趾支那的大使館日記》（*Journal of an embassy from the Governor-General of India to the courts of Siam and Cochin-China*）記載，一八二二年阮朝宮廷曾用三顆鴨仔蛋款待英國大使約翰克勞福

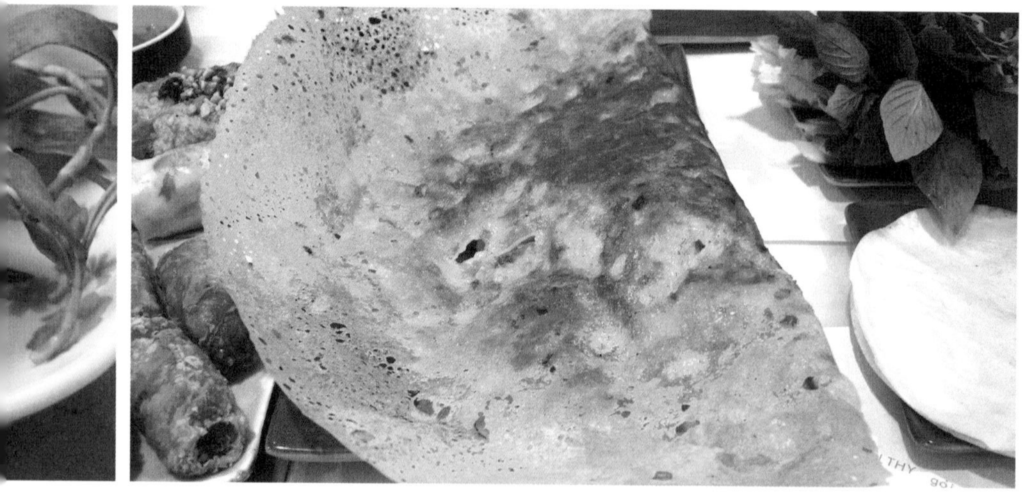

南方人吃的煎餅，有如張牙舞爪版的可麗餅。

（John Crawfurd，一七八三－一八六八），不知道這位英國大使當時有沒有鼓起勇氣吃下去這個當時號稱窮人吃不到的美味？

彷彿裝在玫瑰漆盒裡的山竹

越南的山竹是當年法國傳教士從印尼帶入的舶來品，後來才轉而成爲越南本土水果。山竹因其彷如紫色漆盒般玫瑰色的果殼出名，內有白色花瓣似的清新果肉，酸酸甜甜的味道而讓人難忘。

順化牛肉麵

相傳順化牛肉麵（Bún bò Huế）是十九世紀初嘉隆皇帝（Emperor Gia Long）的御廚發明，後來成爲皇室專屬的宮廷美饌，據說越南末代皇帝保大

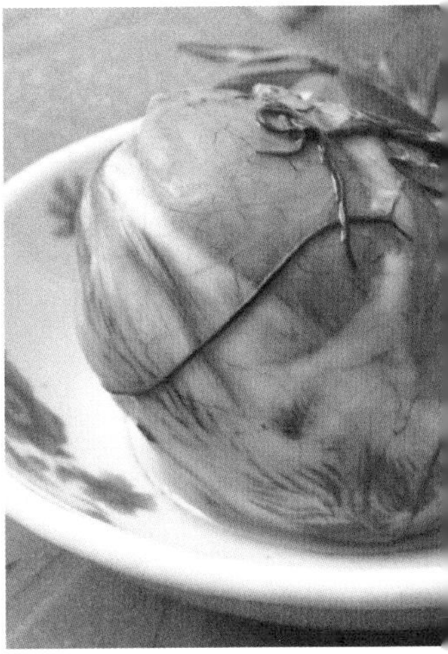

（左）香甜多汁的紫色山竹。（© Basile rin / Wikimedia Commons）
（右）鴨仔蛋是越南傳統美食，但對有些人來說還是相當可怕。（© Aterux at Vietnamese Wikipedia / Wikimedia Commons）

我愛吃的Dac Biet風味湯麵，裡面有豬腰肉、牛胸肉與越南香腸，還附贈一盤香草青菜。桌上像小粽子的東西就是前面提過的越南火腿。

（Bao Dai）每天都要吃上一碗。

位於越南中部的順化（Huế）是越南阮朝皇城古都，也是聯合國教科文組織指定的世界文化遺產，任何食物到了皇城只會變得更繁複講究，也就更細緻迷人，順化牛肉麵口味比起一般河粉重，這點跟台灣牛肉麵有異曲同工之妙。順化牛肉麵的湯頭是用牛骨細火慢熬，調味料除了河粉原有的八角、肉桂之外，更加了河粉沒有的檸檬香茅、胭脂樹籽、蝦醬、辣椒油等，因此湯的成色較深也較辣，味道也比河粉濃郁厚實，使用的麵體宛如圓柱體的米苔目，口感比河粉Q彈嚼勁，吃的時候還加入豬血豬蹄，也會搭配豐富的配菜。褐色的薄片牛肉，透出之字型的筋腱，呈放在白皙圓滾的米麵中，吃時佐以紅辣椒、洋蔥片、香蕉花、青蔥株、蒔蘿片、紫蘇葉等。

備受寵愛的用餐環境

越南也有標榜「絕無味精與人工色素香料」深受白領階級喜愛的餐廳。老闆收藏的古玩，許多物件很像是電影《情人》與《印度支那》才會出現的東西：三〇年代的留聲機、五〇年代的枝型弔燈、掛有上海月份牌美女圖的維多利亞式鋼琴、黑底金竹白鶴的漆畫、法式雪茄櫃、高棉吳哥佛像、中式古董碗櫃、玄關鏡與大匾額，燈籠、牌匾、線香，還有白瓷大象馱著搖曳的燭光、從早期法式別墅中搶救下來的懷舊花磚地板等。入座後，欣賞一下很愛用蘭花來擺盤的桌上風景，還有寫在斗笠上的飲料菜單吧！

餐廳的飲料都寫在斗笠上。後方鏡子前的座位是當年柯林頓用餐的地方。

餐廳的內部頗有皇室之尊，牆上掛有南芳皇后的照片。

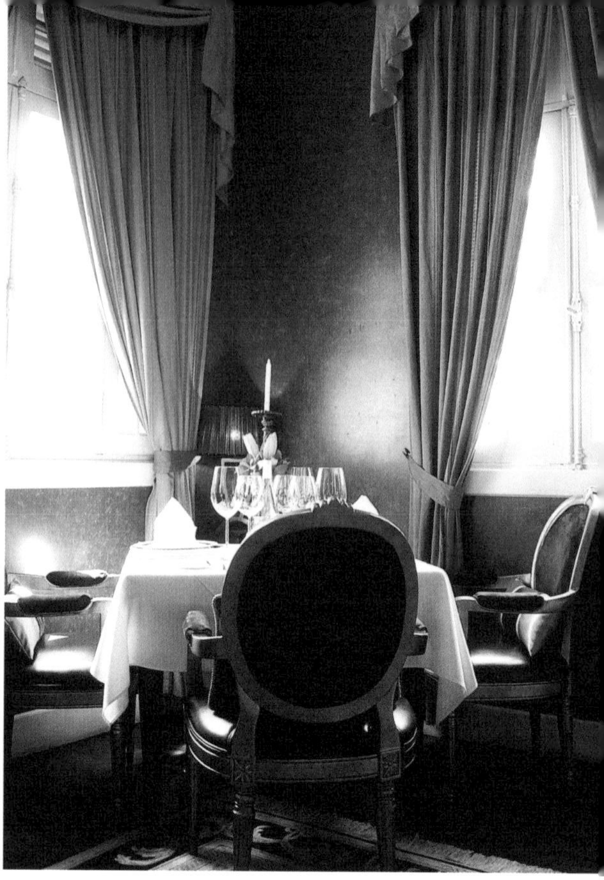

（左）牛排與梔子花水杯。
（右）餐廳坐落在一棟有著濃濃法式風情的百年宅邸裡。

你也可能穿過竹影婆娑的窄小巷弄，來到一棟東方風韻的建築，右邊有鯉魚小池，左邊有黑亮石牛，玄關處還有兩隻踩著神龜的仙鶴，牆上掛有南芳皇后（Nam Phuong）的照片，店內反覆播放民謠大師鄭公山生前所寫的六百多首膾炙人口的反戰抒情歌曲。

舌尖上的法屬印度支那

如果你對法屬印度支那懷抱著一種無法言說的想像，那麼有機會來到越南一定要去嚐嚐那些坐落在百年建築宅邸裏的法式餐廳，不只是因爲這些地方記憶了一個逝去的時代，而是如果少了這幾道舌尖上的風景，你的想像將永遠無法停泊靠岸。通常這些法式建築外牆顏色帶有撲鼻香氣的芒果黃，這種顏色特別帶點費洛蒙的吸引力，讓人想一探究竟。

高級的越南法式餐廳通常有著繁盛茂密的熱帶花園、矩形水池與中式鳥籠、高聳的圍牆與厚實的大門，酒吧仿自法王路易十四的華麗風格，絲質椅墊天鵝絨觸感加上赭紅色氛圍，在此啜飲高級的酒窖珍釀，點根古巴進口的雪茄，聽著晚風送來的現場演奏古典名曲，封爵受勳也不過如此吧！登上金色豎琴般的階梯，寶藍色的牆上掛著裱框的油畫，幾支不知怎麼發音的昂貴洋酒隨意地擺著。每一桌都有專屬的燭光與鮮花，一不小心抬頭就是一整片的金箔天花板，原來這就是所謂的法屬印度支那啊！水杯繫著一朵新鮮盛開的梔子花，記得要試試朝鮮薊沙拉。

窗光咖啡沙龍。這兒的光線美到讓人想要裸體。（林頌恩攝）

文青咖啡廳

越南也有許多網美級的文青咖啡廳深受年輕人喜愛。破舊的市區大樓先別被它陰暗頹圮的樓梯嚇到，裏頭可能藏有令你十分驚豔的沙龍畫室風格咖啡廳。光線從大片的法式長窗流洩而入，長著苔蘚卻不失優雅的美麗露台，光線游移在斑駁的窗櫺、裸露的紅磚、木頭的地板、水晶的吊燈以及復古的風扇上，老闆特別擺上一張不知從哪兒弄來的古董鴉片床，讓人一走進來就想墮落癱軟，好像不躺下來對不起自己似的。如此這般的吃上一球香甜的椰奶冰淇淋搭配略苦的蘭姆酒，舀著舀著，我居然差點要把椰子殼給戳破，可見多好吃。

我心目中的「越南哈根達斯」。

哪裡的河粉最好吃？

越南人也愛戰南北

我想所有人都會同意，越南料理最出名的料理就是河粉（Phở）了，在台灣無論大城小鎮或大街小巷，常可見到路邊販賣越南河粉的小吃店，無怪乎河粉被CNN選爲「亞洲最受歡迎街頭小吃」代表之一，它是全世界最爲人熟知的越南明星級國菜，也是外國人通往越南美食的最佳門戶。

越南人通常在白天吃河粉，晚餐則多以吃飯爲主，而我總是反其道而行，有時會央求手藝好的越南廚娘鶯媽煮一碗河粉給我當晚餐吃，鶯媽每次總會強調她是出身胡志明市但嫁給河內的人，因此她會煮南方口味的河粉也會烹調北方道地的河粉，她問我想吃哪一款河粉，我總是選擇蔬菜香料豐富的南方河粉，湯頭通常帶有點肉桂與胡椒味。鶯媽也樂得大顯身手，畢竟她在家裡多半是配合她先生的口味煮北方口味河粉，北方河粉沒那麼多琳瑯滿目的配菜，通常比較樸實簡單，湯裡頂多就是洋蔥與青蔥的點綴而已。

美食家筆下的河粉

越南在一九五〇年代出現了第一位有系統紀錄美食的文學家武邦（Vũ Bằng，一九一三—

北方的河粉用料樸實，牛肉的滋味較為鮮明。有時會搭配油條。（Toản Đỗ攝）

一九八四），武邦的代表作品《河內的美味》（*Miếng ngon Hà Nội*）開宗明義就花了兩個章節描寫河內的河粉，可見在他心中河粉的重要性，也影響了無數後代讀者認眞對待河粉的態度。

武邦說越南人可以不吃餃子，不吃三明治，不吃麵條，不吃糯米飯，但每個人無法不吃河粉。河粉對於某些人來說不是一道菜，而是一種煙癮、茶癮、鴉片癮。那些遠遠望去冒著蒸氣的河粉小攤，就像香塔中的煙雲，推著我們的腳步，有一種神秘的力量迫使我們爬進攤子。肉湯倒入碗中，一團煙霧瀰漫其上，圍坐的人們籠罩在一層薄薄的霧氣中，隱約就像國畫中的仙女在秋林裡下棋。看起來就餓！尤其是在寒冷的季節、北風吹過時。

武邦特別強調河粉的湯頭一定要清爽，最推崇的就是碗中除了麵條和牛肉湯以外甚麼都不加的狀態，他認爲優質的牛肉河粉是不需要加入其他切絲的東西，他戲稱自己在湯頭的領域是「素食主義

南方的河粉較多香料，通常有豆芽與蔬菜。（Toản Đỗ攝）

者」，他最高紀錄一次可以連吃三碗。他在河內街頭大啖河粉，不斷思索到底廚師放了甚麼迷人的東西在湯裡頭的時候，終於領悟到「吃河粉遠比了解河粉來龍去脈更令人滿足」的眞理。

與武邦同時代的另一位著名作家阮遵（Nguyễn Tuân，一九一〇—一九八七）也很愛吃河粉，阮遵曾說越戰時期河粉還被當成一種流通貨幣，那時黑市交易常以一碗一碗的河粉來計算成交的金額，舌頭就是最精準的點鈔機，陪伴越南人走過那段艱苦年代。

源於紡織廠的河粉

越南河粉起源於十九世紀末的越南北部，北方大城河內長久以來是越南的政治中心，境內因屬紅河三角洲流域自古農業發達，早年農人在農閒時期不種水稻時，會挑起扁擔到城裡當起街頭小販，賣點吃食補貼家用，他們隨手抓起田裡的螃蟹並加入白色的扁形米條，製作出鮮美的田蟹湯粉（bánh đa cua），據說這是河粉最早的雛形。

根據ＢＢＣ作者 Lili Tu 的文章顯示，一八九八年法國殖民者在河內南邊的南定省（Nam Định）建造了一座法屬印度支那境內最大的工廠叫做「南定紡織廠」，擁有可製造絲綢與棉布的六台蒸氣鍋爐，是當時規模最雄偉的工業建設，被譽為東方曼徹斯特，鼎盛時期工廠擁有一萬八千名工人，也帶來了許多法國技術人員。這些遠離家鄉的法國技術人員，因為想念法式清燉牛肉湯（Pot-au-feu）也想念牛排的滋味，因此下令原本沒有食用牛肉習慣的越南人宰殺牛隻，並教越南人如何烹調牛肉。法國人吃剩的牛骨或碎肉被節儉的越南人拿來再次利用，一開始他們在田蟹湯粉裡試著放入牛肉，並學法國人加入根莖類蔬菜還有香料燉煮，這就是越南牛肉河粉（phở bò）最早的起源。

後來這些紡織廠的越南工人又到河內從事龍邊橋（cầu Long Biên）的營造施作，就把從法國人那裏學來的喝牛肉湯吃牛肉的習慣帶進了河內，這些工人靠著可攜式的扁擔賣起河粉，賺取額外的收入，於是牛肉河粉很快就在河內流行起來，成為人手一碗的路邊吃食，到了一九〇〇年左右已經成為河內街頭十分普遍的庶民食物，不時有小販挑著扁擔沿街叫賣。

一九一〇年法國殖民地官員亨利奧格（Henri J. Oger）委託越南傳統木版畫師繪製世紀之交河內人民的百工百態，這本版畫集名為《安南人的技藝》（*Technical du Peuple Annamite*），畫中描繪了戴斗笠賣河粉的小販，這正是越南河粉在文獻史料中最早出現的記載，證實我們現在熟知的越南河粉，其實是法越文化交融下的味覺產物。

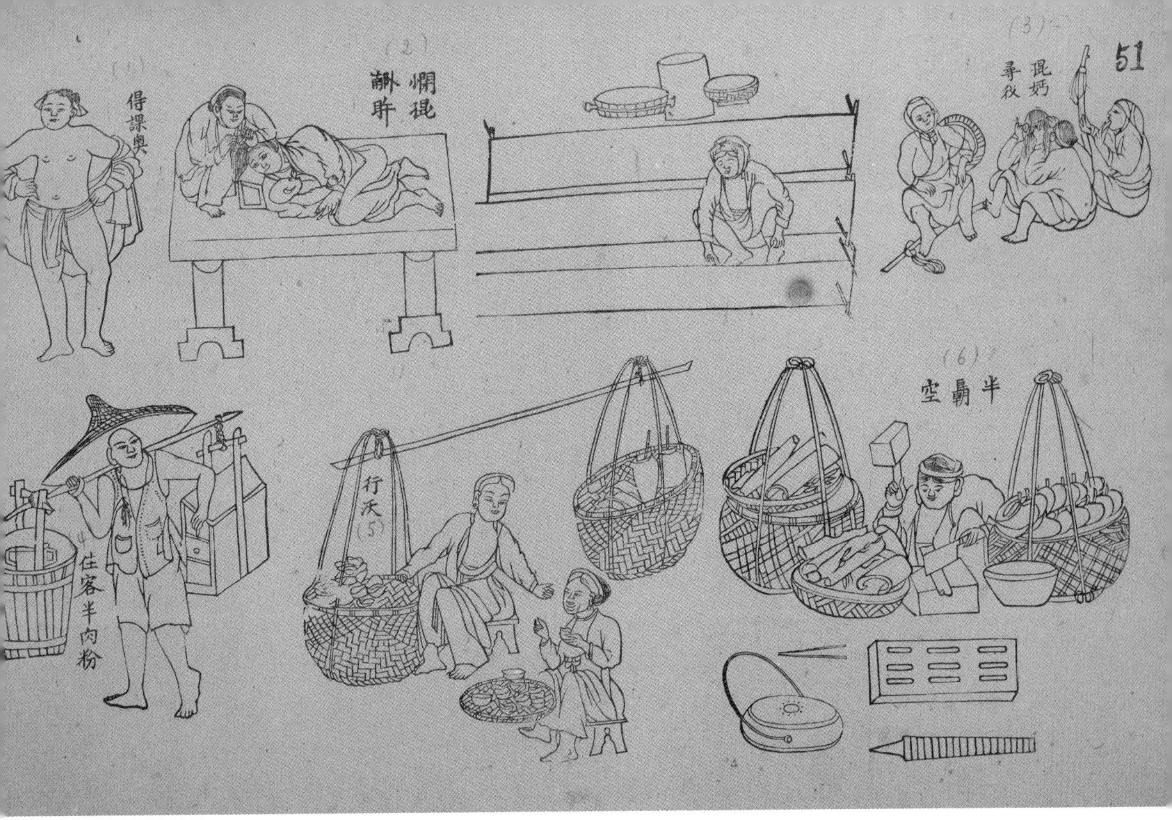

左下角繪有挑著扁擔，戴著斗笠賣著「住客半肉粉」的小販，正是越南河粉在文獻史料中最早的記載。（照片來源：美國國會圖書館）

河粉phở這個越南字，大約在一九三〇年正式收錄在越南語字典中，字義解釋爲「以薄牛肉和扁米條結合而成的湯麵料理」。有人認爲phở源自法文單字feu，這兩個詞發音相近字義也有相似之處，都是指由富含骨髓的牛軟骨加入烤洋蔥熬製的湯，因此有人推斷越南河粉這個字源自於法文。但也有另一派人認爲越南河粉是受到中國南方廣東人的牛肉粉（麵）影響，廣東話「粉」的發音與phở類似，無論如何，越南河粉在上個世紀結合了法式料理，中式料理以及自身飲食的精華，連同字義也受到這兩國文字的影響，進而發展出屬於自己的專屬字詞。

越南河粉一開始只以牛肉姿態出現，直到一九三九年法國殖民當局對越南進行牛肉配給制度，牛肉的取得不像以前那樣容易，因此大家開始用家禽類的雞肉代替牛肉，雞肉河粉（phở gà）才順勢出現，逐漸被大家接受。

一九五四年隨著法國殖民時期的結束，越南國土一分為二，南北越彼此以北緯十七度線為界，當時約有一百萬的北越人向南遷徙，大量湧入的北越人也把河粉這道料理帶入了南越，很快的河粉就在南越首都西貢街頭如雨後春筍般茁壯生根。經濟較為富庶的西貢人覺得，北越河粉湯頭鮮美但食材過於單調，於是改良成一碗麵搭配一盤豐富香料蔬菜的套餐料理，常見的配菜包含豆芽、檸檬、九層塔、香菜、薄荷、刺芹、辣椒、香蕉花、紫蘇等。

也許是因為美食家武邦大力推崇河粉素雅的湯頭，河粉也開始出現永無止盡的南北之爭。北方人獨鍾牛肉鮮甜的湯頭以起源地自豪，中部人則擁護豪華進階版的順化牛肉麵，南方人則喜好大量蔬菜香料的繽紛氣味，有人打趣的說：「如果你要讓越南人分裂，最好的方式就是問他們哪裡的河粉最好吃。」

一九七五年越戰結束，大量的南越人移居海外，把南方風味的河粉帶到了世界各地，美國、法國、澳洲都有越南移民群聚的河粉社區，因此世界各地的人只要一提到越南菜，第一個想到的就是河粉。台灣早期的翠林越南餐廳，就是這波河粉浪潮下的經典代表。如今河粉已經成為越南國菜的象徵，越南人特別將每年的十二月十二日定為河粉日，大肆膜拜這道美味的文化礦山。

下次你有機會品嘗越南河粉時，不妨問問老闆他們賣的是北方河粉還是南方河粉，就像台灣的肉粽也分南部粽與北部粽，等你吃過來戰一場。

越南第一位飲食文學家

武邦《河內的美味》

世界各國都有自己的美食書，但交織烽火氣味同時暢銷超過半世紀的恐怕不多；世界各國也都有自己代表的飲食文學家，但肩負間諜任務的恐怕也屈指可數，越南就有這樣一本美食聖經《河內的美味》（*Miếng ngon Hà Nội*）與飲食文學家武邦（Vũ Bằng，一九一八—一九八四）。武邦最精彩的除了他一生傳奇的故事，就是他體面的外表，從照片看上去真是一位古典儒雅的謙謙君子，眉宇間透著出身於好人家的文藝氣質。

武邦早期的照片。
（照片來源：Wikimedia Commons）

武邦形容河內是一個被烤肉米線（Bún chả）穿透的城市，結果連美國前總統歐巴馬與名廚安東尼波登也被這道菜穿透，他筆下最具秋日風情的晶瑩吃食是用荷葉包起來的綠糯米（Cốm Vòng），他靠著河內街頭小吃治癒了鴉片煙癮，你也許不認同他寫香肉料理（thịt cầy）與禾蟲蛋捲（Chả rươi）的語調，但就如同他所說的「吃是一

武邦的數本著作。
（© Thuydaonguyen / Wikimedia Commons）

種完整的文化」，理解這本書的背景時代之後，你就會對這些菜色有些寬容。

少年得志染上鴉片

一九一三年武邦出生於河內還劍湖附近的一個書香世家，父親早逝，母親在杭蓋街（Phố Hàng Gai）經營一家書店，杭蓋街從十九世紀初就是一條知名書街，聚集了賣書印書的店舖，許多法國殖民官員都會到這裡買書，可以想見武邦家境比當時一般越南人富裕。母親重視他的教育，希望他有天能去法國留學成爲一名醫生，於是將他送去了法屬時期最知名的菁英學校阿爾貝薩羅中學（Lycée Albert-Sarraut，今陳富—還劍高中）就讀。阿爾貝薩羅中學培養出許多越南知識分子（包含了寮國的王子），有些學生後來成爲反抗法國的共產黨員，武邦也是其中一名。該校知名校友還包括人稱「紅色拿破崙」的武元甲將軍、前南越第一夫人陳麗春等。

青少年時期的武邦在學校接觸到法國文學爲之著迷，進而練習寫作，年僅十六歲的他投稿到報社馬上就被刊載出來，儘管他的母親阻止他走文學之路，但武邦還是決定棄醫從文，立志成爲一名新聞工作者。一九三二年武邦十八歲出版了他的第一本書，從此一炮而紅，年少得志，有錢有名，很快就對女人和鴉片產生了興趣，年紀輕輕的他因此染上鴉片長達數年之久。

靠著妻子的美食戒斷煙癮

一九三五年二十二歲的武邦與大他七歲的阮氏貴（Nguyễn Thị Quý）結婚，阮氏貴廚藝精湛，對街頭小吃頗爲熟稔。每當他犯煙癮時，妻子總是拉著他出門上街尋找美食藉此分散他的注意力，他們吃遍了各種河粉、蒸粉捲、狗肉、糕點、煎餅、綠糯米、禾蟲、涼拌沙拉、魚鍋、粥品等，多虧妻子不斷勸導與關心加上他自己的決心，最終才戒斷成功。

整個四〇年代是武邦創作的高峰期，散發藝術家氣息的他此時已累積了八本書，擅長短篇小說與散文，被人稱爲從情場歸來的人，他的筆鋒總是詼諧幽默又帶著嘲諷語調，對人性有份鮮明的誠實，他認爲人活著就是要嘗夠人生百味才算眞正活著，喜歡過著

武邦當年就讀的阿爾貝薩羅中學，今陳富一還劍高中。（© manhhai / Flicker）

可從老照片想像當年武邦在阿爾貝薩羅中學教室上課情景。（© manhhai / Flicker）

一種比道德更激情甚至更罪惡的生活。當時越南吹起一股掙脫法國殖民的熱血風潮，三十多歲才華洋溢的他有著知識分子的熱血使命感，他祕密地參與了革命情報網，爲共黨人士提供情報。

臥底西貢卻想念河內的美味

一九五四年法國在奠邊府一役戰敗撤離越南，《日內瓦協定》簽訂後以北緯十七線爲界將越南一分爲二，分成南越與北越，當時出現了三百天的緩衝期讓越南人可以自由移動選擇要留在北越還是南越，史稱「五四北方人」（Bắc 54），意思是指一九五四年後從北越移居南越的人。這群人八成以上都是天主教徒，有的想逃離共產黨統治，有的與歐美關係親近，估計有超過百萬人湧入南越。

當時四十一歲的武邦隨著上百萬北越人逃抵南方西貢，事實上他是受到上級指示去到西貢負責情報事務。原本他樂觀地以爲在西貢頂多待個兩年國家就會統一，因此把妻兒留在河內，但他的河內讀者並不知道箇中原因，以爲武邦政治立場不變視他爲叛國者，他在河內的妻兒也受到人們冷眼對待處境艱難。有一次警察上門盤查，知悉內情的妻子只能對警察說：人生中有很多眞理甚至連家人都無法說出來。後來南北分裂形勢更加嚴峻，阮氏貴再三對孩子叮嚀：「記得，無論在任何情況下你爸爸絕對不是叛國者。」

一九五四年後人在西貢的武邦繼續以記者身分發表文章，實際上暗地裡替北越收集情報，他一手包辦了西貢三份報紙，但每當夜裡晚風習習，總讓他想起一千兩百公里外的河內家鄉，分外懷念當年妻子帶他穿梭街頭嚐遍大小美食的歲月，畢竟他在河內深深地活過，靈魂深處是一個北方公子，因著這份深情他寫下許多文章。他拿出一九五二年在河內開始寫的舊稿《河內的美味》加以增修，於一九六〇年正式在西貢出版，書中圍繞在河內十五道料理帶給他的情感和經歷，透過食物他對故鄉的回憶重新湧現，武邦特別在書中感謝妻子阮氏貴，是她啟蒙了他對美食的興趣，儘管當時他並不知道有生之年再也沒有機會踏上河內……。

《河內的美味》一書從武邦一九四七年返回被法軍轟炸機摧毀的河內開始寫起：「一個初秋的日子我走在河內三六古街，戰火下河內人的性格變了，街道屋景變了，衣著變了，只剩下一件事不變，那就是河內人的食物。」武邦在七十年前就說出「美味的食物滿足了我們的五種感官，即使不是那麼富裕的人也值得好好生活」的療癒系名言，至今讀起來仍令人感到有種品味與珠璣。

我特別選出書中提到的兩道料理介紹，蒸粉捲（Bánh cuốn）及烤肉米線（Bún chả），這兩道河內料

《河內的美味》二〇一六年版最新書封，素雅的檸檬綠。出版六十多年來經歷無數次封面改版。

理是武邦的心頭好，也是我個人很喜歡的越南菜，我從越南回到台灣後，偶爾也會在台北的越南餐廳外帶一盤粉捲或烤肉米線當成輕食午餐。

蒸粉捲宛如初戀相會時的吻

當一九四七年法國對北越進行轟炸期間，武邦一邊在河內躲空襲，一邊向著郊外的青池區（Thanh Trì）方向凝望著，原來那是一個以蒸粉捲（Bánh cuốn）出名的村子，他在烽火連天下還惦記著妻子帶他吃過的美食。蒸粉捲是越南北部著名的街邊料理，以蒸好的薄透粉皮，加入碎豬肉、香菇、木耳、蝦米和炸油蔥捲成的食物，沾魚露辣椒食用。

武邦清楚記得那些穿著長長的棕色裙擺的女性剪影，在破曉時湧入街頭，她們從天亮就開始兜售粉捲，那些粉捲在竹籃裡像樓梯般層層疊疊，放在翠綠的芭蕉葉上呈現了玉一般的顏色，讓人拿起筷子就想馬上一口送入。他形容蒸粉捲就像初戀相會時的愛吻一樣，輕輕地觸碰我們的唇，他終生記住那份味覺禮物，記住那些敏捷的小販剪影，記住那份縈繞在肩頸上的輕飄口感，而他特別推薦吃蒸粉捲時一定要添加幾塊熱呼呼的炸豆腐，這才是河內人道地吃法。

烤肉米線香到可以喚醒死人

二〇一六年美國前總統歐巴馬訪問越南和美食家安東尼波登（Anthony Bourdain）在河內一起品嚐了烤肉米線（bún chả），很多人對於美國總統爲何捨棄越南河粉改吃烤肉米線耿耿於懷，不過我猜背後也許就是受到武邦那句話「河內是個被烤豬肉米線穿透的城市」的影響，而且烤肉米線也是一道河內正宗料理。

武邦幽默地寫道：「河內沒有出色的烤肉米線攤，不是因爲他們做得不好，而是每一攤幾乎都表現的同樣出色」，「一碗好的豬肉米線，碗一定不能太大，盛盤時不能聞到煙熏味」。早年河內的烤肉米線都是用法國製的鐵餅乾盒當成烤爐，放入煤炭，小販們揮動著扇子經營著完美的烤肉片，煤塊燒得是剛好呈現瑰麗的粉紅色，因此無論是當地人還是遊客都無法抗拒飄出的香氣，甚至連死人都可以被喚醒的烤肉米線。人們圍著攤販，成堆的白色米線在芭蕉葉上等著，伴隨著生菜與香菜，一小碟魚露，你在河內的大小巷弄都能夠找到這樣道地小吃。

第一位飲食文學家

武邦對於食物的風趣筆法與細膩描寫，激起了移居在南越一百萬北方人的懷舊之情，那些屬於北方的味道重新在人們的記憶中活化，「即使我被南方綁架了一千年，我渴望的仍將是河內食物」，他的這句話深深打動許多跟他一樣來自北方的讀者。武邦寫作的黃金時期橫跨三〇年代到七〇年代，他是第一位將越南美食做出系統性書寫的文學家，他筆下的十五道菜都經過仔細的描述，不只寫食材和擺盤，更寫了這片土地上人們的吃法和享受方式。《河內的美味》不僅是一部富含抒情詩意的個人回憶錄，同時也對四時嬗遞的自然景觀有著印象派般的細膩描寫，因此被視爲是越南飲食文學的重要代表，也對越南散文現代化的推動有著巨大的貢獻，具有劃時代意義。

武邦一九六〇年出版了《河內的美味》後，一九七〇年代初陸續出版了多本書，不過都沒能超越他寫吃受歡迎的程度，此時他的健康也開始走下坡。當越戰在一九七五年結束，南北越終於統一不再分裂時，武邦帶著第二任妻子和五個孩子繼續住在胡志明市，並沒有返回他朝思暮想的河內，可能是身體狀況不允許，也可能是因爲經濟狀況無法負擔。他的晚年過得並不如意，因長期從事情報活動，直到過世前他都被河內人誤認是賣國賊，一九八四年他在胡志明市逝世，享年七十一歲。

一九八六年越南改革開放，各種資訊開始走向透明，多虧了許多喜愛武邦的讀者努力查明他的身世背景，證明他從法屬時代一路走到越戰，始終是一位愛國的情報員，二〇〇七年越南政府追封並授予他越南國家文學藝術獎，總算是還了他一個公道，也讓更多人了解這位越南飲食文學家所走過的跌宕起伏、甘苦交織的一生。

你所不知道的越式三明治

越南獨家的庶民美食

三明治是越南常見的庶民吃食。

越南北方的河內享有河粉發源地的美譽，而南方胡志明市則堪稱是越式三明治（Bánh mì）的故鄉。英國《衛報》旅遊網站將越式三明治評選爲全球十大最美味的街頭食品之一，「法國人將長棍麵包引入越南，但著名的越式三明治卻是越南的獨有創作」。

越南人將烤得酥脆的法式長棍麵包切成幾段，從中剖開，夾入幾片越式冷肉火腿、洋蔥、蔬菜、香菜，佐以小黃瓜、紅白蘿蔔等爽脆醃漬物，正是這種剛剛好的酸甜滋味扮演畫龍點睛之效，讓食客既開胃又解膩，擠上微笑型的美乃滋、越式鵝肝醬或辣椒醬，加上幾片綠辣椒片等，毫無疑問的這就是最具代表性的南方吃食越式三明治。

一戰後越南人開始吃法式長棍麵包

法式長棍麵包傳入越南已有超過一百五十

年歷史，早期是一項昂貴的階級食品，只有法國人才吃得起。這種情況到了一九一四年第一次世界大戰爆發時有所轉變，當時成千上萬派駐印度支那半島的法國官兵被調往歐陸戰場打仗，導致原來堆在倉庫的食材無人使用，眼看著就要過期腐爛，因此法國殖民當局只好賤價出售，此舉造成了法國食材開始在越南普及的現象。

越南本土市場突然被原本高高在上的法國舶來品淹沒，大家開始嘗試這些外來食品，漸漸地工人階級也能負擔得起法國長棍麵包、啤酒、牛肉、煉乳、咖啡等，也由於一戰擾亂了全球航運路線，法國的小麥粉遲遲未能運到越南，因此身處越南的法國人在烘烤麵包時不得不加入米粉混充，米粉含量甚至高達百分之五十，結果意外產生出更酥脆膨鬆的口感，也讓長棍麵包的價格變得更親民便宜。

一九五八年越式三明治在西貢問世

法式長棍麵包何時開始夾入餡料販售呢？那得等到一九五四年之後。當時北越有大量天主教徒因不想生活在以胡志明爲首的共產政權，因此遷往偏向美國與資本主義的南越居住，曾在河內爲法國餐廳製作火腿冷肉的一對夫婦，黎明玉（Lê Minh Ngọc）和阮氏静（Nguyễn Thị Tịnh）正是南遷的其中一個家庭。

當他們落腳在西貢思考從今往後該如何營生時，決定賣起從法國人那裡學到的火腿冷肉，一九五八年他們在西貢第三郡開設了一家「和馬」（Hòa Mã）麵包店，他們將法式長棍麵包改造爲短小尺寸，一份大約三十—四十公分長，麵包內部夾入自家生產的火腿冷肉與餡料，大大增加蔬菜與醃漬物的份量，至此越式三明治眞正成形，這間店成爲全越南第一間販賣越式三明治的店，而且至今仍在營運，已由第三代接手，生意興隆依舊。

越戰後遍及全世界

越戰期間大量美軍駐紮南越，西方飲食大爲流行，吃越式三明治的人更加普遍，隨著美援麵粉的到來徹底改變了西貢人的飲食習慣。越戰之後，大量南越移民居住在美國、歐洲、澳洲各地，越式三明治隨著移民浪潮也被帶到世界的每個角落，西式的外型與越式的餡料，彷彿潛艇堡與漢堡的化身，風靡了越僑居住的每個國家。

由於這道菜原料容易取得，製作也不困難，隨拿隨吃適合快節奏的現代都會生活，如今在台灣也可以看到很多越南小吃店販賣這種三明治，外酥內軟，餡料豐富，也受到許多台灣人的歡迎，可見越式三明治大概是僅次於越南河粉的另一道越南國菜呢。

瑪芙巧克力

征服《紐約時報》的越南頂級巧克力

一般人想到越南食物都會說出河粉、春捲、滴滴壺咖啡等，誰想到有一天越南居然跟巧克力連在一起⁉兩名法國人在越南創立亞洲第一個精緻手工巧克力品牌「瑪芙」（Marou）吸引《紐約時報》前來採訪，紐時記者臨走前還帶了二十條當伴手禮。更驚喜的是，巧克力上的高雅菱紋正出自我們台商的模具製造，可見台商到東南亞打拼，岔出的小徑或許比主道更柳暗花明。Marou 巧克力的包裝相當精美，採用燙金印刷，事實上這款巧克力設計得過國際大獎，台灣設計流行創意雜誌 dpi 也曾專文介紹。

Samuel Maruta 及 Vincent Mourou，一位是法日混血，一位有法美血統，兩人在法國素昧平生卻跑到越南結緣。他們在越南叢林相遇，之後又在胡志明市社科人文大學的越語班當同學，在一次旅行中他們聽說湄公河三角洲正發展新興的可可豆事業，兩人交換許多對巧克力的想像，越聊越熱血。二〇一一年他們決定聯手創業，因兩人姓氏發音相似，各取一半，取名 Marou，他們也是第一個將巧克力總部設在越南並使用越南原料的外籍人士。他們原先一個在銀行業一個在廣告業，對巧克力製作完全是半路出家，最初只能上網依樣畫葫蘆摸索。後來得到胡志明市老外圈的支持與資源，匯集了法式巧克力技巧並從越南小農那裏買到可可豆，這才真正起家。

越南可可樹源自法屬時期

巧克力主要原料來自可可樹的可可豆。可可樹首次出現在越南約在一八九〇年代，據說是由法國微生物學家、發現鼠疫桿菌的葉赫森（Alexandre Yersin，一八六三—一九四三）引進栽種。當時法國人從非洲的聖多美普林西比與迦納等地引進可可樹，種植在北緯十到十三度的南越地區，但沒多久法國人就對可可事業失去興趣，因爲咖啡、胡椒、腰果、橡膠等經濟作物表現太過亮眼。從此法國人留下的可可樹就這樣留在湄公河三角洲，成爲法屬印度支那最不受重視的農作物。

越南人好不容易把法國人趕跑之後，又經歷了慘烈的越戰，戰後經濟困頓，百廢待舉。一九八〇年代越南只跟蘇聯和其他東歐共產國家有貿易往來，當時蘇聯曾鼓勵越南種植可可樹，不過一直到了二〇〇〇年後越南才眞正開始重視可可樹的種植。目前全球百分之七十的可可產量來自西非象牙海岸，事實上非洲可可充滿斑斑血淚。當歐美人品嘗大廠出產的巧克力時，很難想到這些甜滋滋背後，其實是來自遭到誘拐、受虐童工的小手，非常駭人聽聞不忍卒睹。近來西非人自覺，不想重蹈父祖輩被剝削的命運，開始注重小孩教育不再送去叢林做苦工，加上象牙海岸的可可樹老化嚴重，

替越南引進橡膠樹、奎寧樹、可可樹的葉赫森（Alexandre Yersin）。

供應趨緩，於是歐美大廠轉而把腦筋動到越南，使得越南可可豆受到全球矚目。

勞斯萊斯級的可可豆連比利時巧克力之神都慕名而來

越南種植可可樹採用小農契作模式，事實上越南咖啡、腰果等也都是靠小農模式翻身。可可樹性喜樹蔭，這使得它比其他經濟作物更友善叢林，保有生物多樣性，因此政府積極推廣。目前越南可可樹的品種，主要是來自加勒比海千里達的trinitario，這一品種堪稱是可可界的勞斯萊斯，不僅香氣最足也最抗蟲害。可可豆會因著種植地區的水土、氣候、微生物或烘烤過程產生完全不同的風味，像是越南可可豆就可細分爲椰香、果香、蔗香、甘草、榛子等風味，與非洲可可豆完全不同，市場定位非常獨特。歐美巧克力大廠一致認爲，亞非新興的中產階級

不同產地的可可，顏色不同，包裝設計所使用的色系也因此而異。（Marou提供）

是他們下一波的客源市場，加上近年提倡黑巧克力對人體健康諸多好處，前景樂觀。

這兩位法國人跟他們那些法屬印度支那的祖先們不同，他們不再高高在上，他們認識每位賣豆小農的名字、住哪、家裡鋪哪種地磚。他們與小農建立了中間無盤商介入的交易機制，他們願付高於市價的金額，換得小農品質與信賴。結果他們一炮而紅，引來了全球知名的比利時巧克力之神 Pierre Marcolini 的注意，他也開始跟著 Marou 採購起越南頂級可可豆。從此比利時甜食雷達中，出現了亞洲旗手越南。Marou 的巧克力依據種植省分來命名，因爲都是單一地區來源，風味純粹粗獷有力，跟我們喝越南咖啡的感覺差不多。

Marou創辦人Samuel Maruta及Vincent Mourou。（Marou提供）

得獎的設計、台商的模具

有了好產品，接下來如何呈現整體包裝概念也很重要。Marou 堅持與在地元素結合，因此找上了胡志明市的設計公司 Rice Creative，這間設計公司成員均具有越南本土與國際多元的文化背景。雙方從鮮豔的可可豆莢發想，配合熱帶叢林與越南農作氣息，加上越南人力便宜，可採用手工絲網印刷，因此整體設計給人一種華麗的泥土意象。這裡，恕我實言，Marou 的包裝紙有點像是我們拜拜

來自越南巴地省的76%黑巧克力（紅色包裝），是Marou最具特色的產品。

用的金紙，但正是這股來自亞洲泥土的常民傳藝，才顯出越南巧克力與歐美品牌的不同，進而吸引歐美目光，在二〇一四年拿下 Pentawards 食品包裝設計銅牌獎。

Marou 還有另一項秘密武器。一般坊間片裝巧克力上的壓紋多採矩形，方便消費者小塊掰食，但 Marou 卻採菱形壓紋，看上去高雅不呆板。要呈現菱形壓紋，得要有菱形模具，他們找上了平陽省的台商永欣塑膠公司合作，對台商塑膠射出的開模功力非常滿意。每逢有人到工廠參觀，他們導覽時都不忘提到巧克力模具來自台灣公司。

可見台商爲越南巧克力產業也投入不小的貢獻呢。

越南魚露與胡志明的親密關係

與革命事業息息相關的調味料

越南的魚露（Nước Mắm）是很著名的家常醬料，對於台灣人來說，有些人不太能接受它的味道，我倒是頗喜歡。魚露有一個最有趣的特徵是，一旦它與其他成分混合例如蒜末、檸檬、辣椒、糖、醋等，它就會失去本來的腥味，變成一種帶有濃郁熱帶氣息的風味醬汁，飽含了鹹味和鮮味，通常也廣泛用於煮湯和沾醬等越南菜料理，特別適合海鮮烹調，我覺得它的地位有如台菜料理中的烏醋，既可融入湯水或快炒料理，又有鮮活的風土滋味。

魚露是蕃茄醬的始祖

早在千年前的越南，魚露就是當地調味料之一了，根據《大越全集》的歷史文獻記載，西元九九七年越南人就知道如何生產魚露，甚至將這項調味品進貢給了中國皇帝。西元一六八八年英國航海家威廉丹皮爾（William Dampier，一六五二—一七一五）途經北越時，記錄了越南漁民將魚蝦與鹽混合然後裝在密封的罐子裡製成魚露的過程，他觀察到越南人會把褐色的汁液倒出來，剩下的魚蝦糊渣窮人會拿來拌飯吃。因此現在也有一些西方學者認爲魚露或可視爲番茄醬的祖先，因爲這是一款目前仍普遍使用卻很古老的醬料，越南是魚露之鄉可謂實至名歸。

魚露的原料很簡單，主要是用鯷魚也稱鳳尾魚和鹽爲原料，在陽光下曝曬，經過醃漬、發酵、熬煉後得到的一種琥珀色汁液，其發酵過程在傳統製程上需要半年到一年才能完成的程序，將魚和鹽以一定的比例混合在由陶器或木器製成的容器中，發酵和水解的溫度約在攝氏三十至五十度之間，換言之只有在溫暖的氣候中才能製成。

一般說來越南最好的魚露來自平順省潘切（Phan Thiết），這個南部城鎮生產好幾款魚露品牌，潘切還成立了越南第一個魚露博物館，有機會造訪潘切的旅客，記得抽空參觀看看。

不過魚露除了是越南最具代表性的調味品，其實在越南漫長的獨立歷史上更扮演你從未想過的重要角色，連越南國父胡志明的革命事業都跟魚露息息相關，這一切要從蓮城公司（Công ty Liên Thành）說起。

蓮城魚露是越南最早的本土企業

蓮城魚露公司創立於一九〇六年的法屬印度支那時代，至今仍在營運，已有一百多年歷史，被視爲是越南最古老的魚露品牌，也是越南現存最早的本土企業代表。在法國殖民時期，越南的工商業都被法國資本家和中國商人壟斷，因此越南人能選擇的創業項目非常有限。後來六位擁護越南維新運動（Phong trào Duy Tân）的知識分子想到魚露產業尚未被法國人或中國人掌握，因此

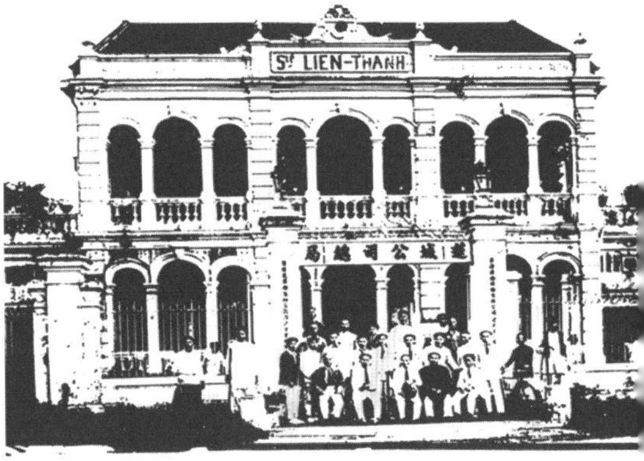

（左）1906年創辦蓮城魚露公司的六位創辦人照片。（蓮城魚露提供）
（右）創辦人於公司總部前合影，地址為243 Ben Van Don, District 4。（蓮城魚露提供）

一九〇六年共同在越南平順省創立了一間魚露公司取名蓮城，因爲平順省舊稱蓮城，而越南古都順化也有一座知名的蓮花池，深具越南民族精神的企業名稱就此誕生。剛好派駐當地的法國官員 Claude Leon Lucien Garnier 頗爲開明，願意給予蓮城公司支持，因此蓮城才得以在公司草創之初取得了生存機會。

由於蓮城公司創始之初就帶有救國救民的寓意，他們將販售魚露賺取的資金用在三個地方：投入革命事業、成立學校、出版刊物等。一九〇七年蓮城公司在潘切成立了一所專門教育越南學子的學校，這就是後來著名的育青學校（Trường Dục Thanh）。兩年後一九〇九年，蓮城公司在西貢華人聚集的堤岸地區開設第一間店鋪，舊址位於今日胡志明市第五郡。

資助胡志明一路往南，航向世界

一九一〇年，當時二十歲的胡志明來到潘切，愛國的他與創立蓮城公司的董事們結識後，由於胡志明家學淵源，教育程度高，因此被育青學校延攬爲教師。他在育青學校擔任數個月的教職之後，雄心壯志的他決定離開潘切前往西貢，繼續追尋越南獨立建國之路，因此蓮城公司暗中幫助胡志明取得僞造證件搭上從潘切前往西貢的火車，同時也安排胡志明住在西貢蓮城店鋪內，並提供胡志明經濟支援。

一九一一年胡志明住在西貢的蓮城魚露公司前後長達數月之久，在西貢期間，他既在市區教書謀生也到港邊賣報，每天看著西貢港的船舶進進出出，讓他興起想要出海看看世界的夢想。他對潘周楨（Phan Châu Trinh）、潘佩珠（Phan Bội Châu）等前輩都很欽佩，但並不完全認同他們的救國方式，最終在一九一一年六月，二十一歲的胡志明決定離開西貢，登上一艘名爲 Amiral Latouche Tréville 的法國商輪，在船上擔任廚師助手前往馬賽，從此開啟他遊歷世界各地的紀錄，足跡遍及非洲、北美洲、歐洲、亞洲等地。

一九一八年蓮城公司參加了殖民母國法國馬賽的國際展覽會活動，贏得了很高的聲譽，開啟蓮城魚露的黃金年代，後來蓮城魚露不僅銷售到全越南，甚至可以出口賣到柬埔寨和歐洲等國。

蓮城公司從一九〇六年創立到一九七五年越戰期間，因參與了維新運動、東遊運動、支持越盟和越南南方民族解放陣線，一九七五越戰結束南北越統一後，蓮城魚露公司被視爲愛國企業，持續營運至今不墜。當年胡志明住過的蓮城公司現址在胡志明市第五郡周文廉街五號（5 Châu Văn Liêm Street），這棟建築裡有一個胡志明紀念展覽室，以紀念胡志明革命建國與魚露的親密關係，終年敞開大門歡迎遊客。

當年二十歲的胡志明若沒有得到蓮城公司一連串的幫助，恐怕無法走出自己的革命之路，可能也無法在二戰後帶領越共在極為複雜的各方勢力中取得獨立先機，因此不要小看越南人每餐必備的「魚露」，原來這款日常沾醬竟與越南近代政治息息相關，完全出乎意料之外。

（上）蓮城魚露的產品至今仍活躍在市面上。（蓮城魚露提供）
（下）根據學者Tim Doling的研究，這棟位於胡志明市第四郡243 Bến Vân Đồn 的華麗建築建於一九二二年，是蓮城魚露公司位於西貢的第二間店鋪。（照片來源：Tokeisan / Wikimedia Commons）

煉毒小酒館

鴉片工廠裡的熱巧克力布丁

「安南姑娘有一個迷信，只要情人抽了鴉片，即使遠去法國，都一定會回來。抽鴉片會斲喪男人的性能力，但是她們寧可要情人忠誠而不在乎性能力。」葛林在《沉靜的美國人》中如是說。

是什麼原因讓葛林在《沉靜的美國人》開頭的第三頁就毫不避諱，甚至相當自戀地描述當年他在西貢一天可抽上四管鴉片的眞實情景？據葛林自己說，他第一次抽鴉片的感覺很好，就像是看到一位美麗的女子，而你知道自己將與她發生關係一般。

除了葛林，莒哈絲在小說《情人》裡也提到了她那位生性凶殘、不學無術的大哥嗜吸鴉片，而莒哈絲的中國情人提到自己的父親時，也曾這樣描述：「十年來，他鴉片煙不離口，面對著湄公河，躺在行軍床上經營他的財產。」

煉毒小酒館城門上裝飾用的罌粟花屬於二十世紀新藝術風格。

據說當年的鴉片工廠有自己的保全系統，以防有人偷竊鴉片。諷刺的是，門口還公然用法文寫著：Manufacture d'Opium（鴉片工廠）。

不僅合法，還擁有保全系統的鴉片精煉廠

五十年後，我來到這座讓葛林吸了三年鴉片煙的城市，也終於在一間過去曾是鴉片工廠、現在名爲「煉毒」（The Refinery）的歐式餐廳找到了答案。

「煉毒」坐落於胡志明市中心 Park Hyatt Hotel 旁邊。一想到這裡曾是法屬印度支那最黑暗、最不堪的煙毒地帶，心裡多少還是有那麼一點唏噓感慨。

我想正是因爲鴉片，讓受過英國軍事情報六局訓練的葛林，對越南的了解比任何人都更深刻。他像一個老練、顧人怨的卡珊德拉（Cassandra），不僅親眼見證了第一次印度支那戰爭法國的失敗，也精準預言了第二次印度支那戰爭（越戰）美國的

一張老照片記錄了當時越南人大排長龍購買鴉片的情景。

狼狽，只不過賦予他神力的不是太陽神阿波羅，而是那一縷縷，淵藪的鴉片煙。

還記得歷史課本裡的中英鴉片戰爭發生於西元一八四〇年嗎？

其實法國人用鴉片控制越南人的卑劣手法是跟英國人學的。大約從一八八〇年開始，越南鴉片正式進入鼎盛時期，現在胡志明市的 Hai Ba Trung、Le Thanh Ton、Thi Sach、Nguyen Sieu 四條路圍起來的區域，當年就是一座大型的「合法」鴉片工廠。

到了二十世紀初，越南因三項壟斷事業而造成國力積弱不振：鴉片、酒、鹽。荒謬的是，鴉片是當中最不受攻擊的，因爲人們認爲要不要抽鴉片可以自由選擇，但酒是越南的文化，而鹽是民生必需品。在這樣的認知下，一九一四年光是鴉片的收入就占了越南國家總預算將近四成，而煉毒小酒館前身的鴉片工廠，一直運作到一九五四年法軍撤出越南後才正式停止。

二〇〇六年，這座鴉片工廠正式揮別了聲名狼藉的過去，兩年後，這裡成爲胡志明市最受外國人青睞的一間餐廳。走進這裡，圓拱的門窗、老舊的照片、復古的地磚、銅色的吧台、斑駁的殘壁、待沽的版畫……一切的一切好像是一九五〇年代沙特與西蒙波娃會去的巴黎小酒館，誰還會記得當年這裡存放著一箱一箱的鴉片？

越南鴉片生活史

一九五〇年代西貢的有錢人（特別是華人），寧願小孩去吸鴉片也不願他們染上賭博，他們認爲吸鴉片至少還待在家裡，而且吸鴉片的花費比起償還賭債所需的金額要少很多。因此卽使有人只剩一個肺，每天還要抽上一百五十管鴉片，或者有人吸鴉片吸到像葛林小說中描述的「他瘦得似乎不占空間，薄得就像餅乾罐邊上的那層防油紙」，大家也都睜隻眼閉隻眼。當年那些吸鴉片的越南華人甚至擁有自己的金融體系，吸鴉片吸到可以組成俱樂部來招攬同好，眞叫我這個「衛道人士」大開眼界。

事實上，當時在印度支那的外國人，不只葛林，有許多法國軍官卽使自己不抽，三不五時也會主動作東，呼朋引伴去鴉片煙館感受一下那種特殊的氣味與氛圍，可見當時吸鴉片是一種社交活動，而且葛林第一次吸鴉片就是一位法國官員帶他去的。

據說吸鴉片有許多規矩，例如你不能讓煙在肺裡停留太久，因爲這樣代表你很窮，你必須要順吸快吐，這樣才顯示你根本不在意這些鴉片有多麼昂貴。而裝塡鴉片也是一門藝術，需要嫻熟細膩的技巧，無怪乎葛林在小說中需要「鳳」，一位溫柔纖細、深諳此道的越南情婦來幫他打理鴉片。

周末下午的熱巧克力布丁

周末下午四點以前，「煉毒」只供應早午餐，選擇雖少但酷得有理，因爲我在這裡吃到有史以來最好吃的 Omelette，光從簡單的煎蛋捲就可測知這兒的料理絕對美味。

還要特別介紹一下「煉毒」的熱巧克力布丁，布丁一反柔嫩的口感，乍吃第一口以爲是玉米做的，再吃第二口又覺得是米糕，到了第三口你還是很狐疑，於是乾脆把鋪在上面的一球冰淇淋推到旁邊，不顧布丁燒到燙嘴的溫度就這麼一口接一口地吃完，咂咂嘴之後仍是不解，終於問了廚房，原來布丁是用杏仁渣做的，無怪乎有一種粗獷卻又不失精緻的口感。

至於主餐，從一堆外國人與日本人爭相光臨的盛況來看，我相信「煉毒」一定不會讓熱愛美食的你失望！

煉毒小酒館：74 Hai Ba Trung, Distrct 1

（上）許多老外甘願冒著登革熱危險，也堅持坐在外面。也許當年拱門下就擺著一座屏風、一枝煙管、一席鴉片床、一盞花生油燈（花生油在低的燃點下不會冒煙，是鴉片煙館普遍採用的燃料）。
（下左）「煉毒」的熱巧克力布丁。
（下右）隨處可見的罌粟花裝飾。

滴滴壺咖啡

值得等待七分鐘的黑色香醇

一八六〇年左右，法國耶穌會傳教士將咖啡傳到越南，在一百五十年的歷史裡，越南發展出自己特有的咖啡文化。

常在路邊看到一堆面向馬路的躺椅或吊床，矮桌上放著簡易的鋁製滴漏器，大家在帆布棚、遮陽傘下或坐或臥或蹺腳，一邊啜飲冰咖啡，一邊對著路邊的事故指指點點，等到菸抽完了、簡訊傳完了，一個早上或半個下午也就消磨殆盡。

貂咖啡

越南最爲人津津樂道的咖啡就是「貂咖啡」（Weasel Coffee）。

早期越南的貂喜歡摘食味道熟美的咖啡豆，但貂無法自行消化咖啡豆，因此會分泌某種特殊的消化酵素加以排出，隔天

（左）越南的路邊咖啡座，不同於歐陸布爾喬亞的咖啡文化。
（右）越式滴滴壺。

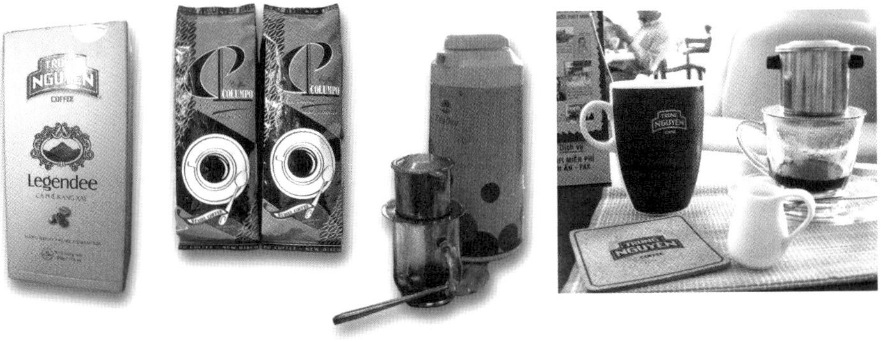

從左至右依序是：中原咖啡出品的高級貂咖啡、卡倫坡貂咖啡（Columpo Weasel Coffee）、路邊越南滴滴壺咖啡，保溫瓶真懷舊、高級滴滴壺貂咖啡。

咖啡工人會從貂的糞便裡尋找完整的咖啡豆，洗淨曬乾之後佐以奶油烘焙，最後產生出類似巧克力風味的咖啡。由於製程特殊、產量稀少且價格昂貴，貂咖啡因此與印尼的麝香貓咖啡（Kopi Luwak）同被視爲全世界頂級咖啡。

滴滴壺沖泡密技大公開

有人說，「最經典的『熱咖啡』在中南美洲，而最夠味的『冰咖啡』則在印度支那」。我對後者頗有同感，越南四季皆夏，來一杯冰咖啡不僅消暑解渴又醒腦。

越南咖啡之所以別具風情，在於它的沖泡過程完全不經電力或機械，只需一個簡易的滴滴壺（phin），滴餾時就像沙漏在計時一般。滴滴壺的好處是一次一杯，比例與時間容易控制，攜帶、收納、清洗非常方便；缺點是篩孔較大，滴餾時難免會有微量的咖啡渣飄浮其中。

越式滴滴壺分成鋁製與不鏽鋼製兩種，直徑從六、八、九公分都有，包含：篩子、壺身、蓋子三部分，其中篩子又

泡製越南咖啡所需的東西。

分爲拴式與壓式兩種。

據說製作一杯道地的越式冰咖啡需要七分鐘。首先準備：中等顆粒的越南咖啡粉（若顆粒太細在滴餾過程中會殘留渣屑）、越式滴滴壺、煉乳、大量冰塊（冰塊一定要夠多，因爲咖啡在先熱後冷的交替作用下才能散發最極致的風味）、一高一矮透明玻璃杯（可觀看滴的樂趣）、沸水（礦泉水更好）。

泡法如下：

一、先將滴滴壺用熱水燙過（可避免後續咖啡粉掉落杯中）。將適量的煉乳倒入矮玻璃杯裡，然後將滴滴壺置於矮玻璃杯上方。放入三小匙的咖啡粉（約二十公克），輕晃壺身使咖啡粉均勻分布。

二、放入篩子並注入少許熱水，先讓咖啡粉充分吸水膨脹，此時咖啡已經開始滴漏。

三、把篩子拴好或往下壓實（不可太緊或太鬆），再注入五、六分滿的熱水（約五十到六十毫升），蓋上蓋子保溫。理想情況下，咖啡會以每分鐘六十五滴的速率在五、六分鐘內滴完。這個過程很關鍵，若滴得太快或太慢，表示水粉比例、篩子鬆緊或濾泡溫度出了問題，可能導致咖啡太淡、偏苦，或提早變冷。

四、將滴滴壺的蓋子翻過來盛著滴滴壺（咖啡就不會到處亂滴），再把矮玻璃杯裡的咖啡與煉乳攪拌之後倒入放滿冰塊的高腳透明玻璃杯，最後再等個三十秒讓咖啡、煉乳與冰塊徹底融合，即可享用。（如果要喝熱咖啡就省略加冰塊的步驟。）

陶壺襪咖啡

另外早在一九三八年越南還處於法屬印度支那時代，西貢的華人就發明一種非常有趣的煮咖啡方式流傳至今，我把它稱爲「陶壺襪咖啡」（Cà phê vợt），顧名思義就是把咖啡粉放入類似長襪子的布網，然後置於陶壺來煮，底下燒著木炭，我猜想這個煮法應該來自華人普遍有煎煮中藥的習慣，他們把咖啡當成另一種中藥概念來處理，因此在滴滴壺咖啡流行時，陶壺襪咖啡也已經出現了，有興趣喝一杯陶壺襪咖啡的人可上網查詢 Cheo Leo Café，他們煮咖啡的水，都會先放在陶缸中好幾天，據說這樣的水質煮出來的咖啡風味更好。

咖啡戰爭？咖啡王國？

雖然早在法屬時期越南就開始種植咖啡，但越南的咖啡產業直到最近的三十年才突飛猛進，二〇一二年首次超越巴西，成爲全世界最大咖啡出口國，每年向六十多個國家地區輸出咖啡，以製成三合一即溶咖啡的羅布斯塔豆爲出口大宗，產量幾乎占全球的四分之一。星巴克、雀巢等大品牌，也都定期向越南採購咖啡豆。

越南鄉間的咖啡雅座，可讓長途開車的人小憩片刻。

目前越南最好的咖啡來自達樂省的邦美蜀（Dak Lak，Buon Ma Thuot），當地氣候土質非常適合種植咖啡，堪稱全世界十大最佳咖啡產地之一。

咖啡爲越南增添生活情趣、帶來財富外匯，但也導致許多問題，例如：土地濫用、地下水資源枯竭、農藥使用過量、農作耕種不均（影響橡膠、胡椒、可可、腰果的正常栽種）。越南人與當地少數民族的「咖啡戰爭」也時有所聞，因爲越南政府想將少數民族的土地轉讓給咖啡業者，以便打入國際市場與償還外債。

近年來這些問題已獲政府相關單位的注意，正逐一改善。目前，越南政府計畫在北部或高海拔地區廣植阿拉比卡咖啡豆，阿拉比卡的品質較羅布斯塔高級，而且國際市場上的價格是羅布斯塔的兩倍，但阿拉比卡的熟成期較長、產量較少，且需悉心照顧，特別是第一道工序需用大量淨水「去皮」（越南地下水有逐漸惡化之虞），因此成效如何有待觀察。

持平來說，越南咖啡品質仍存在參差不齊的問題，要想成爲世界第一有點距離，但要變成「亞洲第一」卻很有機會。從一個亞洲人的角度來看，倘若越南眞能做出代表亞洲精神的咖啡，那未嘗不是一件值得驕傲的事。

中原與高原

越南咖啡王國的兩大品牌

如果說，中原咖啡濃烈厚重，那麼高原咖啡則優雅溫醇；如果說，中原咖啡著重產品研發，那麼高原咖啡則強調店面裝潢；如果說，中原咖啡是越南人的首選，那麼高原咖啡則是觀光客的最愛；如果說，中原咖啡捉住了工農階級，那高原咖啡則掌握了中產階級；如果說，中原咖啡的老闆是本土才俊，那高原咖啡的推手就是越僑代表。

越南咖啡第一品牌、榮獲歐盟國際認證：中原咖啡

在越南，從第一大城胡志明市到中越交界的山城沙巴（Sapa），人們手中握有的飲品都有一個共同的名字，那就是「中原」（Trung Nguyen）。

中原咖啡曾連續多年榮獲越南最佳產品獎，以及最佳十大企

（左）被竹林圍繞的中原咖啡店，目前品牌代理權已被新加坡公司買走。
（右）中原咖啡系列。其中比較特殊的是四號咖啡，融合巧克力、羅望子的味道。

業，還得到前越南總理親自頒授的證書。目前在越南擁有四百家連鎖店與一千家加盟店，所生產的咖啡行銷到全世界五十多個國家：美國、加拿大、英國、德國、荷蘭、瑞典、俄國、烏克蘭、澳洲、日本、新加坡、中國、柬埔寨、泰國以及台灣等。未來，中原咖啡計畫在河內與胡志明市開設十五家頂級咖啡館，並積極布局東歐市場，首波鎖定波蘭和捷克。

曾有人質疑越南咖啡可能受到化學藥劑的污染，因為越戰時美軍大量使用化學武器（如橙劑），而今這些化武成分可能都還殘留在越南的土壤裡。如果您對越南咖啡有所疑慮，那麼二〇〇五年正式通過「歐洲零售商協會優良農業操作規範」（GLOBALGAP）認證的中原咖啡，應該是最安心的選擇。這項堪稱當今國際上最具權威的農畜產品驗證制度，就連台灣目前通過該項認證的農畜產品也不多。

棄醫從商的鄧黎原羽

中原咖啡的創始人鄧黎原羽（Dang Le Nguyen Vu），獲獎無數：榮獲東南亞國協最佳青年企業家、越南三等勞動動章、越南黃星獎、紅星獎等。

一九九六年二十五歲的他原本是一位醫學院學生，因看準了咖啡是越南最有潛力的產業，便與三個好友在越南中部邦美蜀創立了中原咖啡，除了希望將越南咖啡拓展到全世界，也期待透過咖啡來改善當地少數民族的生活。

（左）早晨的高原咖啡。（林頌恩攝）
（右）G7三合一即溶咖啡台灣超市也可買到。三聚氰胺毒奶事件時，中原咖啡還特別出示檢驗數據自清。

十幾年來，在天時、地利、人和的條件配合之下，中原咖啡已經成功地躍上國際舞台，鄧黎原羽也開始將中原咖啡的成功模式推廣給國內其他優良的農產品，如：大勒的紅酒、富國島的魚露、平順的火龍果、芹苴的皇家五號柚等。此外，他更為越南低收入戶、烈士遺族、清寒學生、創業青年甚至戴奧辛受害者，提供相關的資金援助。從當年的醫界逃兵到現在的大愛義舉，或許這是鄧黎原羽另一種懸壺濟世的展現吧！

越南的星巴克：高原咖啡

不同於本土化的中原咖啡，高原咖啡（Highlands Coffee）走的是國際級路線：遠遠望去就有醒目的企業商標，戶外雅座充斥著各國不同的語言，服務生一律穿著紅黑色系的制服，刻意營造的燈籠式光線配上慵懶的沙發，最適合讓人整天窩著免費無線上網……

高原咖啡不僅吸引了外國觀光客、商務人士及摩登的西貢小姐，同時也滿足了越南經濟發展下的新興族群：中產階級。

位於市區精華地段的高原咖啡店。

歸國越僑打造咖啡新王國

高原咖啡創始人大衛．蔡（David Thai），一九七二年在南越出生，六歲移民美國西雅圖，在星巴克原鄉的耳濡目染下，他決定在二十四歲那年回國創業。

一九九六年，大衛．蔡先到河內念了一年越語課程，並前往日本、泰國、新加坡等其他亞洲國家進行考察。兩年後，他創立了高原咖啡，初期主要在越南各大旅館與超市販售咖啡。

二〇〇二年，第一間高原咖啡館在胡志明市紅教堂（聖母大教堂）對面開幕，提供外國觀光客最熟悉的肉桂咖啡，店內嚴選百分之百的阿拉比卡咖啡則是頂級的代表。除了咖啡之外，高原咖啡也提供各式簡餐茶飲，因此第一年業績就創下長紅。

目前高原咖啡在全越南已擁有四十間分店，期望一年後能達到七十間店，如今越南大部分的五星級飯店、高級餐廳與四分之三的觀光客一致信賴的咖啡品牌就是：高原咖啡。

●**中原咖啡：**trungnguyen.com.vn/

●**高原咖啡：**highlandscoffee.com.vn/

阿迪蘇茶

比蓮花茶好喝的家常茶飲

越南有一種植物，有點像台灣的釋迦，披著綠色的鱗片，可用於料理、釀酒、製茶，據說它是天神宙斯的情婦化身而成，在歐洲不僅被譽為「蔬菜之皇」，近年來更被視為有保肝功能的養生聖品。

愛茶的國度

越南人愛喝咖啡也愛喝茶，只要走一趟越南超市，貨架上陳列的茶品少說也有十來種：玉米鬚茶、茉莉花茶、大力根茶、羅漢果茶、蓮花茶、苦瓜茶、三葉茶、清熱茶、人參茶、海藻茶、核蕉茶、藤葛茶、烏龍茶、綠茶、苦茶、香片等。越南最普遍的茶飲當屬蓮花茶，但不知怎麼地，我總覺得它喝起來沒有蓮花香卻有檳榔味，因此並不青睞。

我向來對花草茶的興趣不大，雖然外國香草植物聞起來很討喜，但到底還是台灣傳統茶香喝起來比較舒心。有一次去友人家

炎熱的夏季裡，來一杯甘甜的阿迪蘇茶最適合不過了。

作客，無意間喝到一種茶，一喝就喜歡，它的味道類似台灣的金線蓮，入喉回甘，趁著跟主人討第二杯時我問到了它的芳名，原來它叫阿迪蘇（Atiso），越南人稱它為百合花茶。

朝鮮薊的傳說

阿迪蘇又稱爲朝鮮薊（Artichoke），乍聽之下以爲從朝鮮半島來的，事實上它是從西方文明搖籃——希臘愛琴海而來。

相傳希臘天神宙斯某日行經一座小島，無意間見到一名美麗的女子辛娜拉（Cynara），女孩看到天神降臨一點都不畏懼，頗有大將之風，宙斯覬覦她的美貌，便誘使她成爲自己的情婦，並讓她躋身奧林匹亞諸神之一。不久，辛娜拉因思念凡間的親人偷偷回去省親，宙斯發現後大怒，把她貶成一株朝鮮薊。而這株「謫仙薊」，在希臘羅馬時代已被當成食材與藥材，古羅馬人甚至將它浸泡在蜂蜜、醋、茴香中保存一整年。

中世紀時，修道院中的僧侶對朝鮮薊進行品種改良，因此十五世紀後它可以在歐洲各地廣泛種植；十六世紀中葉，熱愛香水、芭蕾舞與毒藥的法國皇后凱薩琳．麥迪奇（Catherine de Medici，瑪歌皇后的媽媽），將朝鮮薊從她的故鄉佛羅倫斯帶入法國宮廷，從此成爲皇室的珍饈美饌。

十八世紀時，曾有位日耳曼老兄對朝鮮薊很感冒，諷刺地說「只有鄉下土包子才會吃」，歌德則終其一生都無法接受朝鮮薊的味道，或許這正是他寫作《少年維特的煩惱》的動機吧！

阿迪蘇的功效

無論是朝鮮薊、阿迪蘇，或是百合花，之所以會從歐洲千里迢迢跑到越南生根，想必是拜法國殖民所賜。越南的阿迪蘇主要種植在林同省的保祿（Bao Loc）與大勒兩處山城，當地海拔高、氣溫低，適合阿迪蘇生長，同時也外銷到俄羅斯、烏克蘭、加拿大、法國、英國等地。阿迪蘇不含咖啡因，根、莖、葉、花苞甚至花粉都可食用，而越南市售的阿迪蘇，分成盒裝茶包與袋裝乾燥花兩種，茶包部分大概都以百分之七十的花苞加上百分之三十的莖葉比例去調製。

阿迪蘇的花苞能活化肝臟功能，根葉則具有殺菌作用，在中古歐洲被視爲「蔬菜之皇」，據說對於肝炎、酒精中毒、膽固醇、糖尿病、高血壓、動脈硬化、貧血、腹瀉、胃痛、發燒、潰瘍、腎衰竭、失眠、食欲不振、噁心、便祕，甚至抗氧化等，都有不錯的食療效果。下次若有機會來越南，不妨試試那些台灣沒有的阿迪蘇茶吧，除了簪纓牌（Tram Anh），還有雄發牌（Hung Phat）及可樂娜牌（Corona）可選擇，相信能帶來另一種賞味體驗。

越南超市的茶包區。

簪櫻牌是越南著名茶商，他們的阿迪蘇茶是我覺得最好入門的。

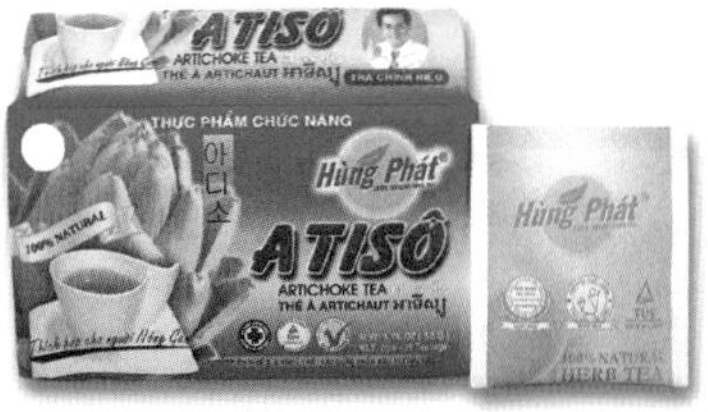

雄發牌的阿迪蘇茶榮獲三項認證，背面印有八國文字翻譯。由於越南茶葉曾被驗出過量農藥，因此有認證的多少還是比較安心。

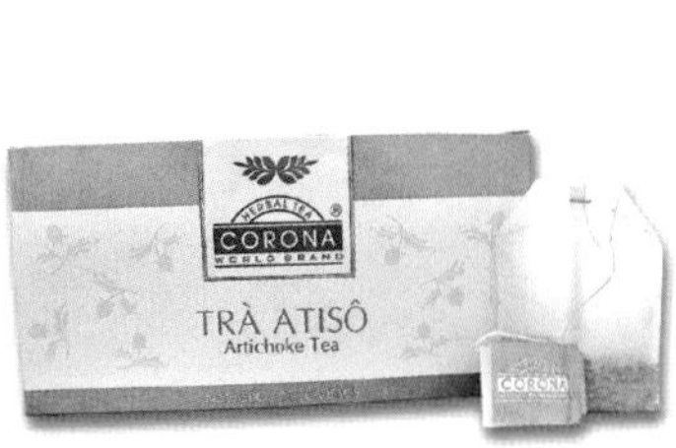

可樂娜牌的阿迪蘇茶最具外銷賣相，簡約素雅的包裝像是外國進口的花茶，喝起來也最濃郁。

零食大搜祕

釋迦冰沙、羅望子糖、榴槤餅

越南路邊常看到小販在賣吃的，無論是夾餡的法國麵包或現剖的椰子水。我很少吃路邊的東西，主要是衛生考量。

喝過最好喝的現打果汁當屬釋迦冰沙（Sinh To Mang Cau），在台灣從來不知道釋迦可以變成飲品，味道酸甜濃郁又扎實，眞是好喝得不得了，希望台東能考慮推廣。

不過也有一次，就那麼一次，吃到一碗甜的綠豆沙加海帶絲，味道不能接受，一朝被蛇咬後，嘴饞的時候還是乖乖去 Co.op 超市買零食。

我對越南的零食頗有興趣，例如：很像蘋果汁的火龍果汁、月牙造型的腰果系列、用香蘭葉做的榴槤椰子糖、喝起來像是桂圓烏梅湯的羅望子汁、有保久乳懷舊感覺的小袋裝豆奶等。

現在我帶著米其林三星評審的精神，特別精選以下幾款零嘴，若您日後來越南，記得找一間超市現買現吃，還可當伴手禮喲！

我超愛的釋迦冰沙！

暹羅釋迦汁

既香又甜且酸、富含維他命 C 和鈣質的暹羅釋迦汁是我最喜歡的越南飲品。榮獲 ISO 9001:2000 認證、日本旅遊情報雜誌《越南速寫》推薦，無防腐劑與人工甘味。

你也可以在坊間的冷飲店點一杯現打的暹羅釋迦冰沙，香濃扎實的口感更勝於罐裝產品。

菠蘿蜜乾片

大片飽滿、果香四溢、金黃色澤、高纖取向，是越南菠蘿蜜乾片最大的特點。這罐標榜純手工挑選、無化學添加、選自有機農場的健康零嘴，還有芋頭、蘋果、香蕉、綜合等其他口味。爽脆中帶點彈牙的口感，常讓我不知不覺就吃完整罐，還一邊思考：菠蘿蜜乾片與《般若波羅蜜多心經》有沒有關係？

鄉下地區小店賣的飲料。

燕窩飲品系列

喝得到蘆薈、燕窩、白木耳與石花菜（寒天）的飲品，富含膠質，清爽解渴，很受日本人青睞，也很適合台灣人口味。一般都認爲泰國盛產燕窩，但越南的燕窩也很大宗，關於燕窩的飲品就有好幾種廠牌。

羅望子糖

羅望子是越南頗具代表性的豆莢植物，我個人認爲製成糖果比作成飲料更適合，也是很多企業、飯店櫃台用來招待賓客的糖果。酸甜的口感、小巧的造型，含在嘴裡彷彿是一種初戀的滋味。羅望子與羅漢果常令人混淆，請小心發音。

海陽金龍香元五號綠豆糕

綠豆糕是北越著名的伴手禮產品，遵循古法使用豬油、綠豆、砂糖精心調配製作。綿密細緻的口感、入口即化的美味不輸台灣的玉珍齋，曾榮獲一九九九年越南全國展覽會金獎。喜歡傳統茶點的朋友一定要試試。

榴槤綠豆蛋黃餅

我很怕榴槤，但這家至少榮獲十個獎章以上的榴槤綠豆蛋黃餅卻讓人有點欲拒還迎。一口咬下可吃到類似荔枝口感的榴槤果肉，內餡溫潤不嗆鼻、細緻有彈性，加上清爽的鹹蛋黃，是愛吃榴槤的人必買的聖品。保存期限只有兩周，可見沒有添加防腐劑。

新新花生系列

在越南想要吃到難吃的花生很難。新新牌花生是小粒品種，品質新鮮，標榜高纖高鈣，嚼起來特別焦香，榮獲 ISO 9001:2000 認證。我比較喜歡椰子口味，稍微咬過後椰香的後韻會慢慢散發出來。咖啡口味外層的咖啡粉有點苦，我比較不青睞。

333 啤酒

333 是南越地區最著名、最常見的本土啤酒品牌，前身是一八七五年法國人 Victor Larue 在西貢創立「印度支那冰廠與釀酒廠」（Les Brasseries et Glacières d'Indochine，簡稱 BGI）生產的 33 啤酒。法國人走後輪到美軍愛喝，是越戰時期知名品牌，越戰結束後更名爲 333 啤酒以便區隔。我個人覺得 333 啤酒喝起來跟台啤差不多，也不輸海尼根，既然來到越南，應該品嘗一下當地酒精濃度百分之五．三的老牌飲品。

令人不敢恭維的雷公根汁

雷公根又名破銅錢草、蛤殼草、天胡荽，是一種止血藥草，當初因爲好奇買了一罐來試喝，沒想到喝了之後眞的很像被雷公打到，對它那種有如在喝草的氣味實在無法接受，而且它的葉綠素多到讓我整個舌苔都變色。我想如果平常喝慣了小麥草或苜蓿芽汁的人，或許可以挑戰一下雷公根汁。

平字號河粉店

老闆廚師跑堂全是越共僞裝的

如果說一間店「掛羊頭賣狗肉」，而且它的狗肉讓美國詹森總統放棄競選連任、讓美軍倉皇撤退，那麼這間店一定大有來頭，頭家也必有過人之處。

剛來越南時，我就亟欲尋訪有著神祕色彩的平字號河粉店（Pho Binh Soup Shop），但連續問了好幾個越南人：從旅館櫃台、計程車運將到三輪車夫……竟然沒人知道它在哪，因此更加深了我對它的好奇。

一般旅行團不會安排這個行程，但在洋人或老外眼中，平字號河粉店卻是西貢之旅當中必訪的一站，因爲四十年前，它曾是越共的祕密基地。

不起眼的河粉店，吹響了越戰的號角。

小心！越共就在你身邊！

外表並不起眼、走低調路線的平字號河粉店，要不是門口右邊掛著一塊越南政府用以表彰的牌子，看上去就跟一般越南小吃店沒有兩樣。

當年，這裡離美軍指揮所（現爲越戰證跡博物館）只有一百公尺，與美國大使館也不遠，因此許多美國大兵甚至外交人員都會到這兒用餐。

最安全的地方往往是最危險的地方，美國人作夢都沒想到，這裡從老闆、廚師到跑堂，全都是越共僞裝的。當他們在一樓大啖河粉時，殊不知二樓的越共解放陣線突擊隊員正在策畫如何攻擊美國大使館。一九六八年越戰中最著名的「春節攻勢」，就是在這裡的二樓下達了作戰指示。

戰爭的歷史若距離夠遠，有時會幻化成另一種異國風情。

平字號河粉店過去是越共的革命聖地，隨著

第二代的老闆娘正在煮牛肉河粉。

吳遂的照片與報導。

九〇年代越南改革開放，搖身一變成爲了觀光勝地。

當我來到這間店用餐時，對它的第一印象是還算乾淨，但感覺生意有點稀稀落落。招呼我的是當年老闆吳遂（Ngo Toai）的媳婦，她親切地跟我說她公公在二〇〇六年過世，享壽九十二歲。或許因爲這樣，這間店的傳奇色彩也隨著吳遂的殞逝而逐漸黯淡了吧。

我一邊吃著河粉、一邊看著店家提供的路透社剪報，其中一段提到有位美國女孩瞞著當年曾在此駐軍的父親來此探訪，我想這麼多年了，美國人對越南還是有心結，特別是那個世代的人尚未完全凋零，否則也不會拍攝那麼多的電影來檢討反省、紀念追憶了。

老革命家吳遂

小時候印象中的越共每個都黑乾瘦，凶狠的目光隨時可把你拆吃入腹、凌虐致死，但吳遂卻不是這樣，至少晚年的他看起來白皙、慈祥、高大，難怪當年可以從事危險的情報工作騙過美國大兵。

來自北越的吳遂，少年時就非常愛國，他一路反中、反法、反日，最後當然也反美。一九五四年日內瓦會議分割了南北越之後，他就搬到南越賣起河粉，白天拿著湯勺招呼食客，晚上祕密與同志商議革命大業。

早在越戰初期，吳老就暗地裡掩護並供養了百名左右的越共游擊隊員，據說他是當年「春節攻勢」四個主謀者之一。一九六八年「春節攻勢」最終宣告失敗，他的身分因而曝光，被抓進昆山島（Con Son Island）專門關押政治犯的老虎籠監獄（Tiger Cage）囚禁，直到一九七五年越南解放後才獲釋。

戰後，吳遂重操舊業繼續賣河粉，後因觀光客增多，這位共產黨員也開始玩起資本主義的把戲，在店舖後方經營小型民宿，一些外國遊客或許願意花個十多塊美金在這裡住上一夜。

據說吳遂在世時，特別喜歡跟美國觀光客哈啦拍照，有人問他是否怨恨美軍，他說他並不怨恨美國人，但他誓死效忠胡志明。我想，他來到這個世上，或許就為了成就那段看似失敗實則扭轉局勢的關鍵性戰役吧，而且能夠秉持信念安享晚年，也是身為老革命家的一種幸福！

現在的平字號河粉店由第二代老闆繼續經營，我問吳遂的兒子可否參觀二樓當年策畫「春節攻勢」的房間？他笑著搖搖頭，我只好拿起相機朝著上方，對著那間有牛頭與獎狀的房間拍照，不知道是否就是當年那個房間？

據說以前有外國遊客上樓參觀並坐在當年越共開會的桌椅上拍照留念，越南政府也三番兩次希望吳遂可以把二樓那些桌椅捐到博物館公開展示，但都被他拒絕了。

二樓策畫「春節攻勢」的房間，現在已經不開放參觀了。

越戰史上的逆轉勝：春節攻勢

所謂「春節攻勢」是指一九六八年一月三十日至二月八日期間，北越在南越一百個大型城鎮對美軍進行的一連串大規模攻擊，堪稱是越戰中規模最大的一場戰役。

越共趁著一九六八年農曆年前，民眾忙著採購年貨、物資大量湧入之際，將運送武器彈藥的卡車上頭覆以蔬果、米糧、南北貨等，再由司機塞了點紅包給守關的南越軍人，就這麼神不知鬼不覺地發動了這波攻擊。

一月三十日晚間，越共破壞了原先與美軍談妥的除夕停火協定，趁著農曆春節南越與美軍守備鬆懈，突襲西貢港、西貢機場、美國大使館等。

雖然美軍後來控制住局面，越共慘遭失敗，此役卻讓原本在越戰中處於上風的美國開始出現內部分裂，國內輿論從主戰轉而支持反戰，逼得當時的總統詹森放棄競選連任，黯然退出政壇。此後美國更無心作戰，導致南越最後陷入孤立無援而戰敗。

將近半世紀後，「春節攻勢」搖身一變，成爲許多線上遊戲與電玩軟體的設計腳本，不知道那些開發程式的人，是否知道它背後有這一段歷史、這一間傳奇的河粉店？

有人說，越共當年從平字號河粉挖了可以直通美國大使館內部的地道；也有人說，美國在越戰投入的資金足以登陸月球六次。無論如何，現在你可以藉由店家提供的剪報、獎狀、照片、留言本、訪客名片、信件，還有河粉，進入當年那段驚心動魄的戰爭氛圍。

下次有機會來到這間河粉店時，不妨翻翻他們的留言本，也順便寫下你對世界和平的寶貴看法吧！

●**平字號河粉店：**7 Ly Chinh Thang, District 3

河粉套餐。左邊是遊客留言本，多半來自歐美，荷蘭人畫風車，墨西哥人畫墨西哥帽。

第四部

旅越生活

富美興市鎮

越南信義計畫區與台商的打拚

在胡志明市，一提到第七郡的富美興（Phu My Hung），大家都知道那裡是新開發的市鎮區，而我第一個想到的是三多：壁虎多、韓國人多、MARTIN 107多（越南知名腳踏車品牌）。

富美興，舊名芽皮（Nha Be），今稱南西貢（Saigon South），過去這裡是一片沼澤鹽鹼地，土壤貧瘠，只能生長水椰樹，也因爲原始，便於當年從事革命的越共躲藏，因此在抗法與越戰中占有一席之地，至今我們仍可從當地政府特意保留的沼澤地遙想它的過去。

現在的富美興，被譽爲越南的信義計畫區與天母，是一個融合韓國雜貨店、日本料理店、美式小酒吧以及愈來愈多台灣人的國際化新市鎮。但如果你以爲這裡都住著外國人那就錯了，事實上，住在這裡的

（左）富美興寬闊筆直的道路，隨處可見的別墅。
（右）富美興的社區裡，有一片夢境般的棕櫚草坪。

（左）富美興的紗門居然跟我是同鄉，只是這種可收納、低噪音、採光佳、不卡灰塵的紗門，為什麼在台灣反而很少看到？
（右）星期天早上，路邊的美式早餐店常常客滿。

越南人或越僑人數遠超過我們的想像。

超便利的生活機能

沿著阮文靈大道，過了紅色的大翁橋，街道兩旁奔放的鳳凰木映襯著獨門獨院的白牆別墅，南洋風情的芭蕉樹張開它五爪的扇葉幫忙遮陽，各種大小地標、錯落有致地妝點出今日富美興的面貌：澳洲 RMIT 大學西貢校區、台灣已絕跡的儂特利速食店、越南最大的國營商業合作社超市（Co.op Mart）、南西貢高爾夫球場、號稱五星級醫療設備的法越醫院（FV Hospital）等，其他像是南西貢國際學校（SSIS）、日本學校、韓國學校，以及許多台商子女就讀的胡志明市台灣學校也都坐落在此。

在富美興，打開電視可以收看台灣的中視、民視、TVBS、東森新聞等頻道，還有兩岸三地約十多台華語頻道任君選擇，很多台灣、中國、韓國的連續劇都在越南播映，但越南人往往不消掉原音，直接配上越文蓋過去，看的

（左）原先我以為台灣學校的學生都是台商子弟，結果也有一些韓國、馬來西亞、新加坡的學生就讀，因為家長看好中文熱。

（右）胡志明市台灣學校成立於一九九七年，採幼稚園到高中十五年一貫學制，教材與師資均與台灣同步。這兩年來都有高中部學生考取台大政大，辦學績效卓越。

時候像在同步口譯。

基本上，富美興的食衣住行育樂已有國際級水準，如果醫療方面能有台灣醫生駐診，那就更完美了。

越南王丁善理的貢獻

在富美興既「富」又「美」且「興」的背後，其實是一位人稱「越南王」的台灣企業家丁善理先生，花了近二十年的功夫所開發出來的造鎮計畫。

九〇年代初，丁善理先生（中華台北這個沿用至今的奧會模式是他當年在國際斡旋的成果，他的哥哥是老牌導演丁善璽）選擇越南進行投資開發。

十幾年來，他不僅推動新順加工出口區（曾被英國雜誌評爲亞太加工出口區第一名）、建立協孚電廠（供應胡志明市都會區百分之四十五的電力）、著手堅江省造林計畫（後因越南政策改變不得不放棄）等，更大刀闊斧地進行南西貢新市鎮的開發計畫（曾榮獲美國建築師協會年度最佳都市規畫大獎）。

在初期，富美興算是國民黨黨產之一，後來一九九三年國民黨撤資，丁先生仍繼續集資投入，才有今日富美興的現代化與國際化。

爲了表彰這位篳路藍縷的先行者，越南政府特別頒給丁善理象徵越南最高榮譽的國家主席獎狀及勞動勳章。令人扼腕的是，他已於二〇〇四年撒手人世，富美興特別蓋了一座丁善理紀念大樓表彰他對越南的特殊貢獻。現在由他的兒子丁廣欽、丁廣鈜繼承父業，兩代深耕。

台商在越南投資簡介

自越南改革開放至今，台灣爲越南第四大外資來源國，僅次於韓國、新加坡、日本；第五大進口來源國，僅次於中國、韓國、東協和日本；第五大貿易夥伴，次於中國、美國、韓國、日本；第十六大出口市場。

二〇〇六年，大亞公司成爲第一間在越南上市的台商，隨後東光、昌益、大同奈、富力及皇家等台商企業也

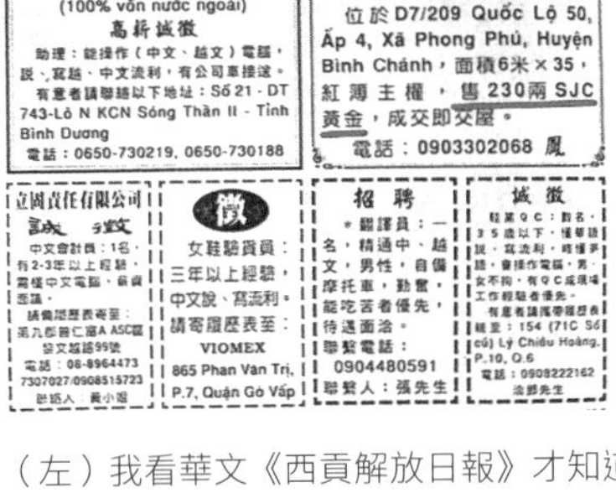

Cty TNHH Sheang lih Cycle (VN)
享勵企業責任有限公司
(100% vốn nước ngoài)
高薪誠徵
助理：能操作（中文、越文）電腦，說、寫越、中文流利，有公司車接送。
有意者請聯絡以下地址：Số 21 - DT 743-Lô N KCN Sóng Thần II - Tỉnh Bình Dương
電話：0650-730219, 0650-730188

面街吉屋出售
位於D7/209 Quốc Lộ 50, Ấp 4, Xã Phong Phú, Huyện Bình Chánh，面積6米×35，紅簿主權，售230兩SJC黃金，成交即交屋。
電話：0903302068 鳳

徵
女鞋驗貨員：
三年以上經驗，
中文說、寫流利。
請寄履歷表至：
VIOMEX
865 Phan Văn Trị, P.7, Quận Gò Vấp

招聘
＊翻譯員：一名，精通中、越文，男性，自備摩托車，勤奮，能吃苦者優先，待遇面洽。
聯繫電話：
0904480591
聯繫人：張先生

（左）我看華文《西貢解放日報》才知道越南人都直接捧著金條買房子，當年解放時銀行幾乎都倒閉，所有私人財產充公，他們還是信任黃金。
（右）富美興的游泳池都特別聘請會說華語的教練來教小朋友游泳。

在越南上市。目前越南全國共有十四個台灣商會，越南南部地區則有六個台商高爾夫球隊，還有許多產業性質的聯誼會。

據估計，目前越南台商人數約六萬六千人，如果連同眷屬已超過十萬，可見台灣與越南的經貿交流非常密切。

越南南部是外商投資最多的區域，台商有一半都集中在此，特別是胡志明市、同奈省及平陽省，目前製鞋業、紡織業、自行車業、機車業、木製家具業等勞力密集產業，均已在越南南部地區逐步形成上下游之生產體系。近年來，台商在越南投資件數仍在增加，像是東元集團、燁聯鋼鐵、仁寶集團及鴻海集團都已在越南投資，營建業、不動產及農林業也陸續加入。

知名台商投資案與二〇一四越南排華暴動

除了上述的富美興與新順加工出口區，其他在越南南部投資的台商企業包括：寶元公司、味丹公司、三陽機車公司（SYM）、台南紡織公司、大亞電線電纜公司、建大橡膠、東元集團、中鋼集團、台塑集團、統一公司、大同公司、清祿鞋業公司、福懋公司、中興紡織、廣隆電池等。

台灣銀行在越南南部成立分行的有：兆豐銀行、中國信託銀行、世華銀行、國泰世華銀行茱萊分行、第一商業銀行、華南銀行、建華銀行、台北富邦、上海商業儲蓄銀行、中租迪和公司、台北富邦保險公司等。

台商在越南面臨比較棘手的問題就是排華、罷工、通膨等事件。近年來，台灣外派工作首選從中國轉向了東協，但二〇一四年越南發生排華暴動，台資廠房受到打、砸、燒、搶的暴力攻擊，餘悸猶存，加上越南禽流感與登革熱仍有所聞，因此國人赴越請多留意自身安全與健康問題。另外，越南過去發生幾千件的罷工案，其中韓國、日本、台資企業佔罷工總數四分之三，而越南通貨膨脹率曾高達百分之十八，對台商來說也是大挑戰。

無論如何，眞心祝福這群在北緯十度打拚的台商同胞，希望他們健康平安、事業發達、財源廣進。

● **駐胡志明市台北經濟文化辦事處網址**：tecohcm.org.vn/
● **胡志明市台灣學校網址**：taipeischool.org/
● **越南台商最大的入口網址**：t3vn.vn/

注：本文經貿資料參考駐胡志明市辦事處商務組二〇二一年版

（左）想來杯台灣國飲「珍珠奶茶」嗎？越南也有。
（中）《越南台商總會會訊》，衷心期望這本雜誌能永續發行，造福國人。（馬克瓶提供）
（右）能在越南看到宏碁大器的招牌，真是高興。

明隆第一瓷

李玉明的高級日用瓷王國

中國有景德瓷，台灣有鶯歌瓷，英國有瑋緻活瓷（Wedgwood），匈牙利有赫倫瓷（Herend），越南則有明隆第一瓷（Minh Long 1）。

越南首席名瓷

在越南，提到明隆瓷器，那可眞到了無「碗」不知、無「盤」不曉的境界。只要到高級一點的餐廳，把桌上的碗盤翻過來看，十之八九都印有明隆的船形商標。

明隆生產的高級日用瓷器均榮獲 ISO 9002 認證，可用於洗碗機、微波爐、烤箱，因此不僅本地人愛用，更有極高比例輸往日本、法國、德國、美國、

（左）繪有越南農村生活的八人份碗盤茶具組。
（右）越南的大同瓷碗，明隆第一瓷。

（左）俯瞰明隆瓷器園區的中庭。
（右）明生廣場。

瑞典、瑞士等國家。

雖然明隆瓷器與其他歐洲名瓷仍有一段距離，但對於一般人，特別是我們這種一切講求簡單實用的家庭主婦來說，它的品質與設計已經很夠日常使用了（意謂即使不小心打破了一兩個，也不至於追打小孩出氣）。要回台灣之前，我還特地買了好幾組餐具準備自用，可見它是多麼地讓人覺得進退合宜、親切可掬。

華人品牌代表

明隆瓷器的創始人是越南華僑李玉明（Ly Ngoc Minh），祖父來自中國福建，三代都從事陶業。

十八歲那年，李玉明靠著閱讀自修學會了上釉的技巧；一九七〇年開始創業，那年他剛滿二十歲。

一九八〇年，明隆的產品首度銷往當時同爲共產盟友的東歐國家，開啟了外銷之路，並於五年後取得聯合國產品專利的認證，也讓李玉明開始思考如何布局全球。

一九九一年，明隆瓷器在獲得越南政府核可的「天字第一號」私營企業許可證之後，李玉明前往法國開拓國際化的第一步；二〇〇一年他榮獲越南三等勞動勳章，二〇〇五年又榮獲越南二等勞動勳章；二〇〇六年越南舉辦亞太經合會議（APEC），明隆瓷器被大會選爲指定紀念品……。

明隆瓷器從當年的小工廠，發展到如今擁有兩千多名員工、廠房占地四千五百坪的越南首席瓷器品牌，李玉明這位「瓷器大王、瓷業龍頭」，絕對是背後最重要的推手。

明生廣場園區外的銅雕造景。

明生廣場瓷器園區

二〇〇四年，李玉明在越南平陽省打造了一座占地一千三百多坪、外觀帶點科技感的明生廣場（Minh Sang Plaza），從室外偌大的招牌看板、迎賓的巨型茶壺、仿古的銅壁浮雕、翠綠的花園造景，到室內的竹林咖啡廳以及窗明几淨的展示空間，整體的規畫彷若一座五星級瓷藝園區，讓人一來到這裡就敞開了心胸，也敞開了荷包，從開館至今，每天都吸引不少觀光客與外國人。

一樓的展示大廳以瓷雕、瓷畫，以及整套的高級餐具爲主，迷你可愛的歐式瓷品也同樣令人愛不釋手。二樓則附設專賣瑕疵品的暢貨中心與小朋友最愛的卡通瓷偶區。暢貨中心裡的瓷具雖然不那麼完美，但仔細挑一下，還是可以找到物美價廉的日用瓷，而且價格絕對包君滿意。

卡通瓷偶區則有小孩子最喜歡的迪士尼系列，而且採用「小豆苗」自助式的陳列，最適合闔家大小在周末午後光臨。

此外，一樓後方還有親子陶藝教室，在半露天的棚架下，爸爸媽媽可以輕鬆自在地帶著小朋友來此挑選素胚，然後自行題字紀念或彩繪上色，一個禮拜後再回來領取燒好的成品即可。

若日後有機會來到平陽省，記得走訪明隆瓷器，享受一場「高貴不貴」的越瓷盛宴。

●明隆第一瓷網址：minhlong.com

（左）越南家長常帶小孩來的親子陶藝彩繪教室。
（右）小朋友最愛的迪士尼小瓷偶專區。

愛上肉桂拖

結合黃麻椰纖的居家小物

無論是藍白拖、夾腳拖、木屐拖、藺草拖、拼布拖，或是冬天保暖的絨毛拖，我想每個人都有許多拖鞋經驗。但越南還有種「肉桂拖」，這就很少見了吧？如果你知道越南是世界五大肉桂出口國之一，有肉桂拖也就不足爲奇了。

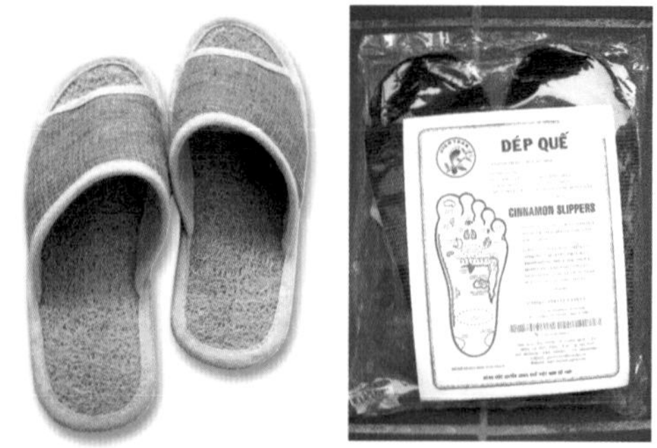

肉桂拖鞋可在越南會員制超市METRO買到。

肉桂拖鞋的功能

肉桂是一種見仁見智的香料。我向來不喜歡肉桂剛烈的味道，對我來說，它的辛辣彷彿是老薑與樟腦的混合。但我在越南發現一款由秋田公司（Que Tien）出品的「肉桂拖鞋」，它由百分之二十五的黃麻、百分之二十五的椰纖、百分之十五的布料、百分之十五的肉桂以及百分之二十的橡膠組成，標榜吸汗吸臭、按摩穴道、促進腳部血液循環等功效。

最令我驚喜的是，這款肉桂拖鞋的味道非常溫和，不會刺鼻辛辣，米色的設計則給人一種休閒放鬆的感覺，底部的纖維穿起來也很舒服，是一款既實用又驅蚊的居家拖鞋（肉桂有驅逐蚊蟲的功效）。唯一缺點是不能水洗、沒有防滑設計，且肉桂的氣味對孕婦不宜，建議孕婦最好不要使用。

肉桂的歷史故事

關於肉桂的歷史可追溯至《聖經》席芭女王與所羅門王的故事記載，而它防霉、防腐的功效，也被古埃及人運用在木乃伊的保存上。史上有名的「肉桂事件」正是由羅馬帝國末代暴君尼祿所一手主導，相傳他在盛怒之下，踹了當時已有身孕的第二任妻子莎賓娜一腳，導致這位龐貝美女在西元六十五年不幸早逝，事後尼祿下令羅馬全城燃燒一整年的肉桂，或許他想以肉桂的香氣護送愛妻上達天堂，也許他想以這種儀式來向亡妻表達內心的悔恨之意。中世紀時，人們為了對抗黑死病，也曾使用肉桂來與之抗衡。

現在隨著醫學的進步，愈來愈多研究證實肉桂對於驅寒、暖胃、感冒、腹瀉、消化不良、糖尿病、口臭、牙痛等症狀均有不錯的療效，有些神祕的巫教甚至把肉桂當成一種淨身、改運、催情、招財的代表。

如今，肉桂已與我們的生活密不可分，舉凡：蘋果派、巧克力、花茶、咖啡、酒、可樂、五香粉、口香糖、芳香劑、香水精油、早餐穀片等，都可以看到它的蹤跡，而它驅逐蚊蟲、舒筋活血的功效，也是紅花油的主要成分。目前肉桂以斯里蘭卡所產的品質為最上等。

三輪車風情

最環保無污染的老式交通工具

來越南觀光旅遊的人，或多或少都坐過三輪車。但在都市急速擴張、交通嚴重堵塞、生活型態日漸改變等多重考量下，胡志明市的三輪車正面臨許多嚴峻的考驗。

也許在不久的將來，黝黑車夫沿街吆喝、漆上英文字母與數字的車牌、矗立在車輪後方那根長長的煞車桿，以及轉彎時鐺鐺鐺的鈴聲，都會走入歷史。

搭三輪車的經驗

第一次來越南時，我曾興致勃勃地請旅館櫃台代爲安排一趟三輪車之旅。他們拿出一份表格要我勾選，我洋洋灑灑勾了七、八個景點。當時說好一小時要價三美金，最多逛兩小時，結果車夫不知道是路不熟還是故意的，足足晃了三個小時，途中還遇到一場午後雷陣雨，害我還得拉起有怪味的車篷躲雨。

三輪車，跑得快，上面坐個老太太。

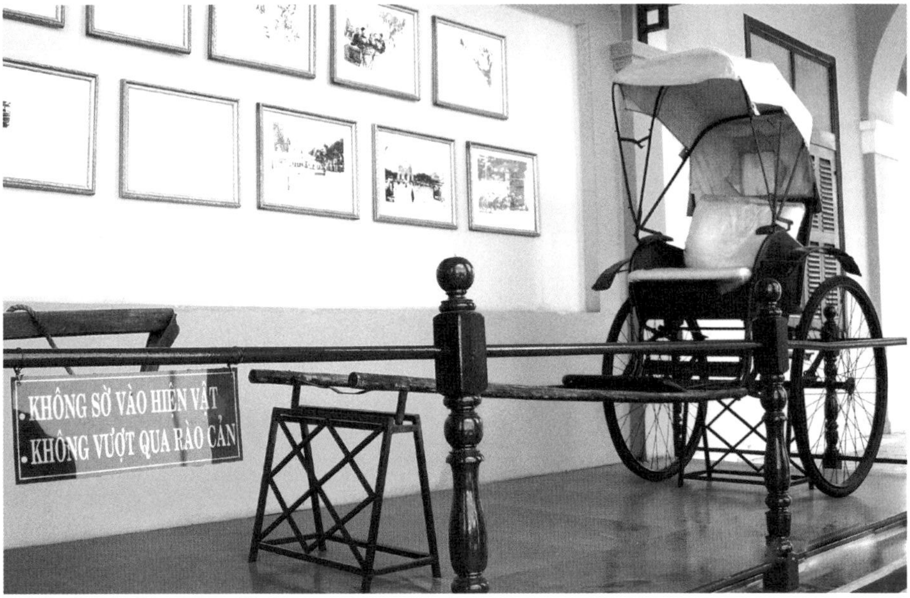

三輪車的前身：一九一一年出品的二輪人力車。

坐到後來，我心裡愈來愈毛，心想完了，天色漸暗，人生地不熟的，恐怕要被載去賣了。回到旅館後，我請櫃台人員幫我用越文向車夫表達抗議，最後以六塊美金結束這場三輪車驚魂之旅。

這段經歷可以提醒想要坐三輪車的人，事先一定要跟車夫溝通好，才不會乘興而去、敗興而回。

三輪車的過去與未來

越南的三輪車最早是一位在柬埔寨的法國人庫貝耶（P. Coupeaid）所發明的，一九三九年正式引進越南，很快就取代了原本流行的二輪人力車（也叫黃包車）。

二輪人力車源自日本，最初由中國人引進越南。由於法國人發明的三輪車比日本人發明的二輪車更耐用且速度快，最重要的是窮人也受用，因此很快就普及起來，演變到後來，二輪人力車成爲上流社會的坐騎，而三輪人力車則是普羅大衆的工具。

據說三輪車的座椅本來在後方，但因爲以前的人都會用雨傘「戳」車夫騎快一點，車夫乾脆就把座椅改在前方，一來可免身體被戳之虞，二來乘客的視線也更開闊。

時至今日，三輪車仍是越南民衆常用的載貨工具，從沙發、木材、鋼管、五金、水果、磚塊等都可以運，我想越南人如果要用三輪車來搬家也是可以說得過去的。

據統計，胡志明市的三輪車夫從幾千人到幾萬人不等，最高紀錄曾達六萬人，有些領有牌照，有些則無照駕駛。

二〇〇二年開始，越南政府認爲三輪車有礙交通，而且許多三輪車都被任意改造，缺乏安全保障，因此針對三輪車提出許多管制。三輪車只能在某些特定的道路才可行駛，上下班的尖峰時段也禁止三輪車行經市區一百四十八條主要幹道，以免影響交通。

事實上，越南政府在參考了其他東南亞國家的做法之後，比如香港三輪車已消失多年、雅加達也禁止三輪車在主要路段通行、曼谷與伊斯蘭馬巴德則是完全禁止三輪車，未來可能對三輪車下達全面禁令，再加上車夫的收入不高，因此三輪車可能是胡志明市正在消逝的百年風情之一。

也許今後，我們只能在明信片、紀念品、老照片，或者從梁朝偉主演的電影《三輪車夫》重溫越南三輪車的身影了，趕緊把握機會坐趟三輪車吧！

退休的三輪車成為庭園擺飾。

座椅在前的越南三輪車，不載人時可將前方整個空間充分利用，用來載貨最是方便。

立體紙捲卡片

精巧迷人的書店紀念品

第一次在胡志明市的春秋書店（Fahasa）看到越網紙藝公司（VietNet）出品的紙捲卡飾系列，足足讓我在架前逗留了十幾分鐘。

這種將細長的小紙片拿來捲、折、彎、捻的手工藝品，透過紙張的邊緣呈現出類似浮雕的立體效果，無論是模仿花葉、羽毛或是動物造型，都是那麼細膩動人。對於這些不知花費多少眼力才能成就的小小世界，我有幾分著迷，千挑萬選，終於買了其中兩件帶回家。後來台灣親友看到了，眼睛無不爲之一亮，直嚷著「好漂亮喔！哪裡買的？可以送我嗎？」

立體紙捲的歷史

廣泛的紙藝技術，最早應可以追溯到西元二世紀東漢宦官蔡倫發明紙的年代，隨後中國人發展出紙雕、剪紙等民間藝術，西洋人則出現了立體紙捲的宗教藝術。

立體紙捲源自中古世紀的歐洲，當時的修道院、教堂、聖所被視爲是知識的守護者，因此保存、複製、發揚古老的手抄本聖經就是每位修女修士最重要的工作。特別是法國與義大利的神職

可掛可擺的越南風情立體紙捲卡飾，每張二十乘二十五公分。

人員，他們長年與紙本書朝夕相處，發展出立體紙捲技藝，並運用在聖物箱、壁龕、聖畫等宗教性的裝飾中。據說現今在梵蒂岡的教堂或其他歐洲歷史悠久的修道院裡，仍能找到這些宗教紙捲的遺跡。

到了十七、十八世紀，立體紙捲逐漸脫離了宗教範疇，成爲貴族、皇室以及富人的休閒嗜好。當時紙捲成爲歐洲名媛淑女的日常活動，特別在英國，許多貴族女校都會教授這種課程。紙捲訓練女孩子的耐心，陶冶她們的審美觀，從事紙捲也不會消耗過多的體力，完全符合名媛淑女優雅的生活舉止與教養風範。

英皇喬治三世的女兒伊麗莎白公主就相當熱中此道。一七九一年，伊麗莎白公主特別訂購了十四盎司的紙材以及一盎司的金箔，用來製作一個附有鎖鑰的紙捲寶盒。

十八世紀之後，立體紙捲也傳到了當時英國的屬地：美國，在此之前歐洲都稱立體紙捲爲Paper Filigree，但據說傳到新大陸以後，因爲那裡的女孩使用鵝毛管甚至刺蝟的刺來捲紙，因此改稱爲Quilling。

到了十九世紀的維多利亞時期，上流社會的年輕女孩通常只能在等待舞會中度日，衆多無聊苦悶的日子裡，她們就靠立體紙捲來打發時間。英國著名的女作家珍．奧斯汀在一八一一年出版的《理性與感性》一書中就提到，當艾蓮諾好意幫忙正在製作提籃的露西捲紙時，殊不知心機超重的露西早已跟艾蓮諾的意中人愛德華有了祕密婚約。另外，英國的勃朗特三姐妹（The Brontë Sisters）也都是紙捲的愛好者，大姊夏綠蒂就是小說《簡愛》的作者。

可掛可擺的越南風情立體紙捲卡飾，每張二十乘二十五公分。

二十世紀初，也就是維多利亞時代的末期，立體紙捲已經式微，直到一九六〇年代，這項古老的手工藝品才又逐漸復興起來。隨著時代的改變，紙張的價格比以前便宜許多，立體紙捲也發展出十幾種以上的捲法，一些歐美的畫廊開始重視立體紙捲的收藏與展示，立體紙捲不再是上流社會的產物，而是常民藝術的表現。現在你可以透過網路購買已經捲好的半成品，自己再加工一下即可，不需像珍・奧斯汀那個年代那麼費工，也不必忍受其他女人的暗中較勁與閒言閒語了。

越網紙藝公司是越南專門製作紙類藝品的公司，他們的立體紙捲外銷美國、汶萊、土耳其、阿曼、杜拜、瑞士等地，除此之外，還有各式卡片、鑰匙圈、立體水晶紙鎮、筆筒、書籤、紙偶等產品。如果想買一個帶回家當紀念，可在大型連鎖書店、機場免稅商店、觀光景點商品街、四星級以上飯店紀念品區找到。而我想，越南會有立體紙捲，應該跟當年被法國殖民的歷史有關。

● **越網紙藝公司網址：** quillingart.vn

● **春秋書店網址：** fahasasg.com.vn/

越南的外文雜誌

每月吃喝玩樂的英日版聖經

越南有許多英文、日文，甚至韓文的免費雜誌可供取閱，其中我最喜歡的就是《亞洲生活》（*Asia LIFE*）與《越南速寫》（*Vietnam Sketch*）。

《亞洲生活》和《越南速寫》就像是我的越南聖經，每個月我都按時查經，周末就照著雜誌的介紹去吃喝玩樂，不知不覺建立起一種生活軌道，當我脫離了這個軌道回到台灣之後，仍會懷念它們曾帶給我的閱讀引力。

偶爾，我也會看看越南唯一的華文報紙《西貢解放日報》，我家老爺還會剪下它們一則「台中港生猛海鮮」的廣告呢！

一百二十頁、A4大小的《亞洲生活》。

兼具「深」度與「活」度、多元化與現代感的《亞洲生活》內頁。

英文版《亞洲生活》雜誌

《亞洲生活》於二〇〇六年正式創刊，曾經是許多旅居胡志明市的人最重要的生活訊息管道。二〇〇八年，《亞洲生活》又發行了一本《臥遊胡志明市》（*the word*），但兩者的內容、風格大同小異。

我雖不懂越文，但透過這些雜誌，大多能掌握越南當月時事。例如：越南佳麗榮獲第五十七屆環球小姐、越南發射了第一顆人造衛星、胡志明市地鐵動工、高達百分之九十四的蔬果有農藥殘留、中越邊境山城沙巴下雪等。

每期的「專題報導」單元活潑生動，除了有火鍋專題、建築專題之外，甚至還會詳細列出胡志明市所有可以幫你外送外燴的餐廳專題。「街道介紹」則從街名的典故歷史，到沿途的商店建築等都有介紹。

「人物專訪」除了以色列裔的服裝設計師，也可能是菲律賓籍的ＤＪ、西班牙籍的餐廳老闆。「兒童天地」則告訴你哪裡可以帶小孩騎馬？找鋼琴老師？以及有哪些國際學校可以銜接小孩的教育。

舉凡各種球類、健身房、國標舞、瑜伽、馬術、攀岩、按摩等訊息，「運動資訊」裡應有盡有。想要拔罐？想買有機食品？「康健版面」會告訴你。「生活高手」爲你整理出越南必買的十大紀念品，還有電腦耗材、超市賣場、手工藝品、麵包烘焙等實用資訊。除此之外，跨國搬家公司，甚至市內所有自動提款機的地址，他們也都拿得出來。

日文版《越南速寫》雜誌

日本是一個講究細節的民族，在越南這個熱帶國度裡，他們依舊努力揮汗輸出這項民族特性，從每個月出刊的《越南速寫》就可感受到日本人對越南的經營與堅持。

《越南速寫》大概是越南坊間外文雜誌中歷史最悠久的「無料」（免費）刊物，從二〇〇〇年創刊至今，印刷不輟。

《越南速寫》特色如下：有豐富的漢字可猜，網羅北、中、南越各區的生活資訊，以及內頁有較多的折角折價券可拿。卽使

二百五十頁、開本較小易於攜帶的《越南速寫》。

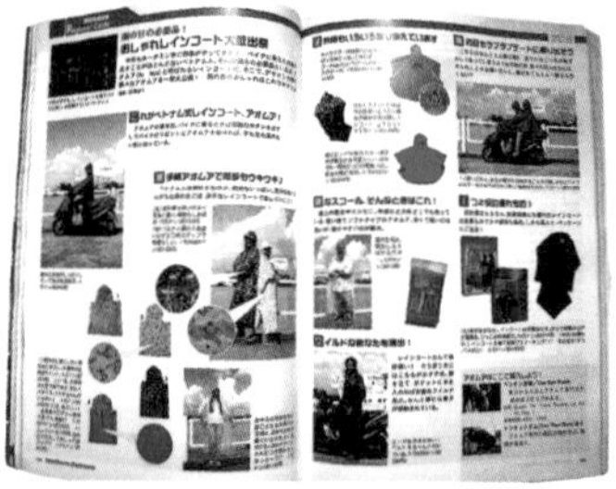

好在有漢字可猜，日本人「頂真」的編輯概念間接也造福了華文讀者。

廣告版面與消費資訊占了絕大多數，但它的內容編排還是令人佩服不已。

每一期的《越南速寫》都會深入介紹一個「越南景點」，編排的方式有互動問答式、股票曲線式、工具圖解式，完全展現出日本人從小處著眼的細膩特性。在「當月專題」中，則會一步步教導日本人如何取得越南的機車駕照，或者雨季到了該怎麼挑選雨衣，這種對本國人士的細心照料連我都很嫉妒。

「廣告版面」則分成食、買、美、夜、他等五大類，想吃頂級的日本料理？晚上想去鋼琴酒吧聽歌小酌？想要腳底按摩、指甲彩繪？想預約有日籍醫師駐診的診所？甚至濱城市場內部的攤商與新山國際機場一、二樓的平面圖，統統都有。

此外，《越南速寫》還收集了所有日本在越南的同鄉會、同好會、同學會資料，果然是注重團體倫理的民族。其他像是房屋裝修、翻譯需求、五金模具、房地產投資、路邊小吃等資訊，也都一應俱全。

繁體中文版《西貢解放日報》

《西貢解放日報》是目前全越南碩果僅存的一份華文報紙。

事實上，西貢在一九七五年解放之前擁有十多份中文報，據說每個會館都會辦一份報紙。但解放後，華人的地位起了微妙的變化，相較於現在發展蓬勃的越文報業，中文報只剩下《西貢解放日報》，目前也僅在第五郡華人區販售，華航、越航等機上通路也會提供。

《西貢解放日報》最早在一九六五年叫做《工人報》，主要宣導人民抗美之類的愛國觀念；解放後改為《西貢解放日報》，成為黨國政策的傳聲筒；一九八六年越南實施經濟改革開放之後，吸引了大中華圈的商人前往投資，無形中也增加了一些讀者。

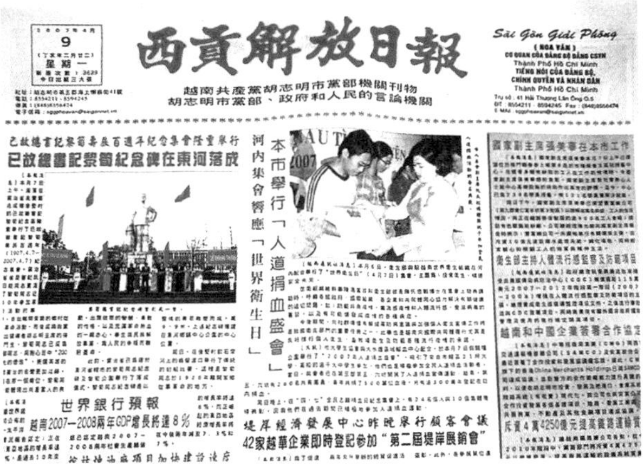

《西貢解放日報》。

《西貢解放日報》內頁。

一九九五年，因經濟改革開放已有成果，加上美越關係正常化，《西貢解放日報》才從政治導向轉爲民生議題，發展至今成爲擁有一百多名員工、二十名記者、每日發行三萬份的華文報社。

《西貢解放日報》第一版爲政治時事，第二版爲華僑動態，第三版是藝文民生，第四版爲國際新聞。從廣告版面就可看到台灣與越南的關係，因爲連牙醫廣告都會找台灣人來簽名背書！我也是從這份報紙才知道，越南房地產喜愛用黃金交易，跟台灣完全不一樣。

●《越南速寫》網址：vietnam-sketch.com

平貴休閒度假村與草禽園

我的私房綠氧行程

生活在北緯十度的胡志明市，很難不被它燥熱的天候、可怕的交通干擾。因此每到周末，總想找個地方轉換心情。

如果不想跑太遠，平貴休閒度假村（Binh Quoi Tourist Village）與胡志明市動植物園，就是我口袋裡最實用的私房行程。

小夏威夷：平貴休閒度假村

用蕉影、新荷、陶甕、睡蓮、竹篙、茅草、水車妝點出來的平貴休閒度假村，沿著蜿蜒的西貢河畔而建，位於胡志明市東北方約八公里。

別看它中文名稱俗，一九七五年越南解放前，這裡可是達官將領們的高級別墅區，當年素有「小夏威夷」美稱。一九九四年越南政府將平貴重新規畫對外開放，十多年來一直廣受當地

（左）平貴休閒度假村造景。
（右）從一尊銅雕的角度來看平貴如織的遊客。

人與觀光客的喜愛。

平貴現已成爲越南人拍電影、拍婚紗、拍音樂錄影帶最熱門的場地，據說夜晚的平貴，河裡會放上許多小盞的蓮花水燈，飄蕩著一股虔敬的氣氛，很美。

平貴目前分成兩個園區，第一區走的是休閒風格，以景觀與餐廳爲主，最特別的是這裡的吊燈竟然是用青花瓷碗組合而成，環境乾淨雅致，也是越南民歌之父鄭公山生前最喜歡的地方。第二區則提供度假住宿，以水上小木屋、游泳池、網球場、觀光遊船爲主，周末晚間還有專門表演給觀光客看的傳統歌舞秀及水上木偶戲。

草禽園：胡志明市動植物園

一八六五年，法國植物學家皮耶（J. B.

（左上）綁著細蔥的毛巾。
（左下）周末傍晚，平貴會推出七十種越南小吃的攤位，一券吃到飽。
（右）越南小朋友也喜歡來平貴玩。

Louis Pierre）擔任西貢動植物園首任園長，他在此工作長達十二年，引進了許多印度、泰國、寮國的奇花異草，爲整個中南半島的熱帶植物學研究奠定了扎實的基礎。

當年，許多法國植物學家都曾在這裡發表論文，而在研究植物之餘，法國人也開始飼養動物，因此才有後來「草禽園」的美稱。

到了越戰時期，這裡從原本的學術單位變成美軍的休閒勝地，當年很多美國大兵與越南女孩都喜歡來這裡約會拍照，小說《沉靜的美國人》裡的派爾與鳳，就曾在此留下足跡。

很多人都說這兒的植物比動物有吸引力。的確，植物園內的池景就像是莫內筆下的「睡蓮」系列，當陽光由強轉弱的片刻，我還一度恍神，以爲這片擁有一千八百多棵老樹的熱帶園林，就是印象樂派大師德布西在〈牧神的午後〉裡所描寫的光景呢！

別看現在這個動植物園不怎麼樣，面積也不過是台北木柵動物園的五分之一，它在一九二〇年代可是亞洲最大的動植物園。

- **平貴休閒度假村網站**：binhquoiresort.com.vn/
- **草禽園**：2B Nguyen Binh Khiem, District 1

（左上）草禽園內的鐵籠都是法國人留下的珍貴古蹟。
（左下）越南康河，如果徐志摩來過。
（右上）綠氧充足的草禽園。
（右中）來植物園戶外教學的小學生。
（右下）草禽園旁邊有座越南歷史博物館，是當年法國人仿北京頤和園所建的中式建築，建於一九二九年。館內有具保存完好的一八六九年女性乾屍。

改版後記

對家有更深情的回望

對我來說，國際觀不只是出走，國際觀更重要的是回家。回不了家的國際觀，只能算是流浪觀或流亡觀。

越南教我最寶貴的一課，是開啟我亞洲第二地的生命經驗，讓我重新思考身爲亞洲人的憂歡與卑耀。世界上少有國家一口氣擁有三大洲的文化遺緒，走過中、法、美、俄的越南，是全球稻米、咖啡、茶葉、紡織品、鞋類、橡膠、腰果、胡椒等前幾大出口國，其中原油生產與出口更占其GDP百分之三十以上，在物產豐饒的背後，有著擊敗三大國的戰爭紀錄，百年內它讓法、美、中紛紛抽腿，從被國際化到家園重整的過程中，越南付出了我們難以想像的沉重代價。

如今，人口即將往一億邁進的越南，全國平均年齡不到三十歲，許多人出生越戰後，比起台灣的高齡化，他們的人口紅利雄厚，加上高素質的數理教育（連北一女、建中前校長都親赴胡志明市明星中學擔任教育總監），因此東南亞最大的——手機遊戲、社群媒體、家電用品等——市場就在越南，無怪乎台灣網路教父詹宏志也看好越南數位經濟體。近年來，東協中的越南是台灣外派工作的熱門首選之一，但二〇一四年爆發排華衝突，台資企業遭受暴力攻擊陰影猶在，且越南的禽流感與登革熱時有所聞，國人赴越仍需留意相關情況。

繼越南後，我來到美國，對當地亞裔生活頗感興趣，發現白人設計的制度下，無論升學就業，亞裔終歸擺脫不了要跟亞裔激烈競爭，我們背九九乘法，印度人可是背到九十九乘九十九咧。既然亞洲是我們的宿命，即便跑到新大陸仍得面對，那麼何不把目光拉回亞洲，想辦法走出新的路數？台灣中小學生擁有越南血統超過八萬五千人，越配、越籍移工、越籍留學生逾二十五萬人，派駐越南的台商及眷屬約十五萬人，換言之，目前台越關係人總數可達五十萬人，差不多是整個南投縣的人口，裡頭蘊含著東亞「筷子經濟圈」的多項資源，實在值得我們好好運用。若再加上印尼、泰國、菲律賓、柬埔寨、緬甸等在台移民工，你沒發現台灣正吹起一股「在地國際化」的東南亞風嗎？

- 東南亞來台旅客已破百萬；
- 暨南大學成立東南亞學系所；
- 台中第一廣場打算規畫爲東協廣場；
- 台南開設東南亞進口百貨批發超市；
- 還有東南亞語報紙《四方報》、東南亞語唱歌節目「唱四方」、東南亞書店大聯盟「燦爛時光」、移民工文學獎、外婆橋計畫、公視「我在台灣你好嗎」新住民節目、大愛

「在台灣站起」新移民節目……

再次感謝貓頭鷹出版顧問陳穎青、總編謝宜英、各編輯及美編的幫忙，謝謝你們的牽成與付出才有本書；也向陳鳳馨、李秀媛、張曼娟、韓良露（已故）諸位女士致意，謝謝妳們曾邀請我上廣播節目；致力讓台灣成爲東南亞窗口與東南亞文化中心的張正，一直是我的貴人，我後來才知他是我留越的學長，他早我幾個月在胡志明市國家社科人文大學上越文課；最後，感謝我的父母，特別是母親待人的同理心，是本書所有的源頭。媽媽，我愛你。

二〇〇八年夏天，我離開越南。身體雖離開了，但心裡某個角落永遠與之同在。

寫於美國馬里蘭

二〇一五年九月

越南經貿小筆記

平均國民所得：2,300 美金

基本月薪：約140 到 200美元

經濟成長率：8.02%（2021 年為 2.58%；2020 年為 2.91%）

越南主要出口國：美國、中國、韓國、日本及香港等

越南主要進口國：中國、韓國、日本、台灣及新加坡等

自然資源：磷，煤，錳，稀土，鋁土礦，鉻，近海石油天然氣，木材，水力發電等

（資料來源：駐越南台北經濟文化辦事處、越南統計總局 2022 年）

台越關係小筆記

越南新移民子女就讀國中小學的人數：
為台灣新移民子女第二名（10.5 萬人），僅次於中國新移民子女（12.9 萬人）

越南籍配偶人數：
為台灣外籍配偶中第二名（11.3 萬人），僅次於中國（37.6 萬人）

越南移工人數：
占產業移工最多數（約 22.8 萬人，45%）；占社福移工第二名（約 2.7 萬人，12%），僅次於印尼（16.5 萬人，75%）。

（資料來源：教育部、移民署、勞動部，統計至2022年止）

越南小百科

國名__越南社會主義共和國。

國旗__紅底五角黃星。紅色象徵鮮血，五角象徵勞動者、農民、知識份子、青年與軍人。

首都__河內。

第一大城__胡志明市。

面積__33 萬平方公里，台灣的 9 倍大。國土呈狹長 S 型，南北相距 1,650 公里，分為北部紅河三角洲、中部高原、南部湄公河三角洲。

人口__9 千 9 百萬，全國平均年齡 32.8 歲，64 歲以下人口占 68%。（2022 年數據）

文字__越南文採拉丁字母拼音法，添加若干聲調音韻符號。

語言__通行越南語。最佳觀光語言是英語。略通華語、法語，廣東話在華人之間亦普遍。

氣候__北部夏熱冬涼，與高雄、屏東相似，時有颱風及水災。南部終年熱帶，年均溫攝氏 25 度以上。四到九月為雨季，其餘為乾季。

教育__全國識字率高達 94%，實施九年國民義務教育。目前有 126 所大專院校。

種族__京族（Kinh）占全國 86%，另有 53 種少數民族，包含華人。

時差__比台灣晚一小時。

航班__每日 5 至 8 個飛機班次往返台越。

宗教__佛教占 53%，天主教占 40%（繼菲律賓後亞洲第二大天主教國家），道教占 6%（高台教、和好教），另有少數基督教、回教、印度教等。

最高峰__中越交界的潘西邦峰（Fansipan Peak），海拔 3,140 公尺，為中南半島第一高峰。

幣制匯率__越盾（Dong）。1 美元等於 24,365 越盾，1 新台幣等於 760 越盾。（2023 年數據）

電話撥碼__84（國家碼）+ 8（胡志明市）；+ 4（河內）

國定假日__元旦、農曆春節連假（Tet）、農曆三月初十雄王忌日、四月三十日解放日、五月一日勞動節、九月二日國慶日等。其他像是端午節、中元節、中秋節、情人節、聖誕節等，越南人也慶祝但不放假。

中文	英文拼音	省分	地址
台灣學校	Taipei School in Ho Chi Minh City	胡志明市	taipeischool.org
胡志明市立劇院	Municipal Theatre	胡志明市	7 Lam Son Square, District 1
市政廳	City Hall	胡志明市	86 Le Thanh Ton, District 1
平字號河粉店	Pho Binh Soup Shop	胡志明市	7 Ly Chinh Thang, District 3
平西市場	Binh Tay Market	胡志明市	578 Thap Muoi, District 6
平貴休閒度假村	Binh Quoi Tourist Village	胡志明市	1147 Binh Quoi, Binh Thanh District
玄士教堂	Huyen Sy Church	胡志明市	1 Ton That Tung, District 1
西貢關稅貿易中心	Saigon Tax Trade Center	胡志明市	135 Nguyen Hue, District 1
育青學校	Duc Thanh School	平順省	39 Trung Nhi, Phan Thiet
拉希姆清真寺	Masjid Al Rahim	胡志明市	45 Nam Ky Khoi Nghia, District 1
明隆第一瓷園區	Minh Long 1	平陽省	minhlong.com
金龍水上木偶劇院	Golden Dragon Waterpuppet	胡志明市	55B Nguyen Thi Minh Khai, District 1
保大夏宮	Bao Dai Summer Palace	林同省	Trieu Viet Vuong, Da Lat
帝泊餐廳〈鄭公山故居〉	Tib	胡志明市	187 Hai Ba Trung, District 3
科學圖書館	General Science Library	胡志明市	69 Ly Tu Trong, District 1
美國大使館舊址	Old U.S. Embassy in Saigon	胡志明市	39 Ham Nghi, District 1

旅遊地址一覽

中文	英文拼音	省分	地址
NGA漆器藝品店	NGA Art & Craft	胡志明市	212 Bung Ong Thoan, Tang Nhon Phu B Ward, Thu Duc City
人民法院	People's Court	胡志明市	131 Nam Ky Khoi Nghia, District 3
大主教宮舊址	Archbishop's Palace	胡志明市	180 Nguyen Dinh Chieu, District 3
大勒大學	Dalat University	林同省	1 Phu Dong Thien Vuong, Da Lat
大勒市場	Dalat Market	林同省	Nguyen Thi Minh Khai, Da Lat
大勒怪屋	Dalat Crazy House	林同省	3 Huyun Thuc Khang, Da Lat
大勒皇宮旅館	Dalat Palace Hotel	林同省	02 Tran Phu, Ward 03, Dalat City
大勒皇宮高爾夫球場	Dalat Palace Golf Club	林同省	Phu Dong Thien Vuong, Phuong1, Da Lat
大勒教堂	Dalat Cathedral	林同省	Tran Phu, Da Lat
大勒舊火車站	Dalat Railway Station	林同省	1 Quang Trung, Da Lat
大勒纜車	Dalat Cable Car Station	林同省	Ba Thang Tu, Da Lat
大陸飯店	Hotel Continental	胡志明市	132-134 Dong Khoi, District 1
中央郵政總局	Central Post Office	胡志明市	2 Cong Xa Paris, District 1
天虹大酒店	Arc En Ciel Hotel	胡志明市	52-56 Tan Da, District 5
方濟各天主堂	Cha Tam Church	胡志明市	25 Hoc Lac, District 5
古芝地道	Cuchi Tunnels	西寧省	上網查詢 sinh café 旅行社行程
古都餐廳	Pho Co	胡志明市	211 Dien Bien Phu, District 3

中文	英文拼音	省分	地址
煉毒小酒館	The Refinery	胡志明市	74 Hai Ba Trung, District 1
Rex 飯店	Rex Hotel	胡志明市	141 Nguyen Hue, District 1
聖母大教堂（紅教堂）	Notre Dame Cathedral	胡志明市	Le Duan, Dong Khoi 路口, District 1
達可橋	Dakao Bridge	胡志明市	Cau Sat, District 1
滿洲餐廳	Mandarin	胡志明市	11A Ngo Van Nam, District 1
瑪麗安曼印度廟	Mariamman Hindu Temple	胡志明市	45 Truong Dinh, District 1
瑪麗居禮高中	Marie Curie High School	胡志明市	159 Nam Ky Khoi Nghia, District 3
戰爭證跡博物館	War Remnants Museum	胡志明市	28 Vo Van Tan, District 3
濱城市場	Ben Thanh Market	胡志明市	Le Lai, Le Loi, Ham Nighi 交會處, District 1
覺林寺	Giac Lam Pagoda	胡志明市	118 Lac Long Quan, Tan Binh District

胡志明市	Ho Chi Minh City，簡稱 HCMC
林同省	Lam Dong Province
平順省	Binh Thuan Province
平陽省	Binh Duong Province
同塔省	Dong Thap Province
西寧省	Tay Ninh Province

中文	英文拼音	省分	地址
胡志明市美術館	Fine Arts Museum	胡志明市	97 A. Pho Duc Chinh, District 1
胡志明市博物館	Ho Chi Minh City Museum	胡志明市	65 Ly Tu Trong, District 1
胡志明紀念館	Ho Chi Minh Museum (Dragon House)	胡志明市	1 Nguyen Tat Thanh, District 4
范春安故居	Pham Xuan An House	胡志明市	214 Ly Chinh Thang, District 3
香達朗悉寺	Chandaransi Khmer Temple	胡志明市	164/235 Tran Quoc Thao, District 3
格蘭飯店	Grand Hotel	胡志明市	8 Dong Khoi, District 1
草禽園	Zoo & Botanical Garden	胡志明市	2B Nguyen Binh Khiem, District 1
高台教聖殿	Cao Dai Temple	西寧省	上網查詢 sinh café 旅行社行程
清水餐廳	Thanh Thuy Blue Water Restaurant	林同省	2 Nguyen Thai Ho, Da Lat
統一宮（獨立宮）	Reunification Palace	胡志明市	133 Nam Ky Khoi Nghia, District 1
富美興	Phu My Hung	胡志明市	801 Nguyen Van Linh, District 7
華麗飯店	Hotel Majestic	胡志明市	1 Dong Khoi, District 1
越南國家銀行胡志明市分行	The State Bank of Vietnam HCMC Branch	胡志明市	17 Ben Chuong Duong, District 1
越南歷史博物館	Museum of Vietnamese History	胡志明市	2 Nguyen Binh Khiem, District 1
黃水梨故居	Huynh Thuy Le Ancient House	同塔省	255A Nguyen Hue, Sa Dec

貓頭鷹書房 416

南向登音：你一定要認識的越南（全新編排增訂版）

（初版書名：你一定要認識的越南）

作　　者　洪德青
選 書 人　陳穎青
責任編輯　李季鴻
協力編輯　劉偉嘉（初版）、陳詠瑜（二版）、張瑞芳（三版）
校　　對　魏秋綢、楊玉鶯、聞若婷、張瑞芳、林欣瑋
版面構成　郭忠恕
封面設計　張添威
行 銷 部　張瑞芳、段人涵
版 權 部　李季鴻、梁嘉眞
總 編 輯　謝宜英
出 版 者　貓頭鷹出版

發 行 人　凃玉雲
發　　行　英屬蓋曼群島商家庭傳媒股份有限公司城邦分公司
　　　　　104 台北市中山區民生東路二段 141 號 11 樓
劃撥帳號　19863813 ／戶名：書虫股份有限公司
城邦讀書花園　www.cite.com.tw ／購書服務信箱：service@readingclub.com.tw
購書服務專線　02-25007718 ～ 9（週一至週五 09:30-12:30；13:30-18:00）
24 小時傳眞專線　02-25001990 ～ 1
香港發行所 城邦（香港）出版集團／電話：852-2508-6231 ／ hkcite@biznetvigator.com
馬新發行所 城邦（馬新）出版集團／電話：603-9056-3833 ／傳眞：603-9057-6622
印 製 廠　中原造像份有限公司
初　　版　2009 年 6 月／二版 2013 年 6 月／三版 2015 年 10 月／四版 2023 年 11 月
定　　價　新台幣 630 元／港幣 210 元（紙本書）
　　　　　新台幣 441 元（電子書）
ＩＳＢＮ　978-986-262-663-4（紙本平裝）／ 978-986-262-665-8 （電子書 EPUB）

讀者意見信箱　owl@cph.com.tw
投稿信箱　http://www.owls.tw
貓頭鷹臉書 facebook.com/owlpublishing/
【大量採購，請洽專線】 (02)2500-1919
本書採用品質穩定的紙張與無毒環保油墨印刷，以利讀者閱讀與典藏。

國家圖書館出版品預行編目(CIP)資料

南向登音：你一定要認識的越南/洪德青著. -- 四版. -- 臺北市：貓頭鷹出版：英屬蓋曼群島商家庭傳媒股份有限公司城邦分公司發行, 2023.11
　面；　公分
ISBN 978-986-262-663-4(平裝)
1.CST: 文化史 2.CST: 歷史 3.CST: 越南
738.33　　112014430